O ensino de artes e de inglês:

uma experiência interdisciplinar

Dados Internacionais de Catalogação na Publicação (CIP)
(Câmara Brasileira do Livro, SP, Brasil)

Barbosa, Ana Amália Tavares Bastos
O ensino de artes e de inglês : uma experiência interdisciplinar / Ana Amália Tavares Bastos Barbosa. — São Paulo : Cortez, 2007.

Bibliografia.
ISBN 978-85-249-1351-8

1. Artes - Estudo e ensino 2. Inglês - Estudo e ensino 3. Interdisciplinaridade na educação I. Título.

07-9039 CDD-371.3

Índices para catálogo sistemático:

1. Interdisciplinaridade : Estudo de artes de inglês : Educação 371.3

Ana Amália Tavares Bastos Barbosa

O ensino de artes e de inglês:
uma experiência interdisciplinar

O ENSINO DE ARTES E DE INGLÊS: uma experiência interdisciplinar
Ana Amália Tavares Bastos Barbosa

Capa: aeroestúdio
Preparação de originais: Elisabeth Matar
Revisão: Maria de Lourdes de Almeida
Composição: Dany Editora Ltda.
Coordenação editorial: Danilo A. Q. Morales

Direitos para esta edição
CORTEZ EDITORA
Rua Monte Alegre, 1074 — Perdizes
05014-001 — São Paulo-SP
Tel.: (11) 3864-0111 Fax: (11) 3864-4290
e-mail: cortez@cortezeditora.com.br
www.cortezeditora.com.br

Impresso no Brasil — novembro de 2007

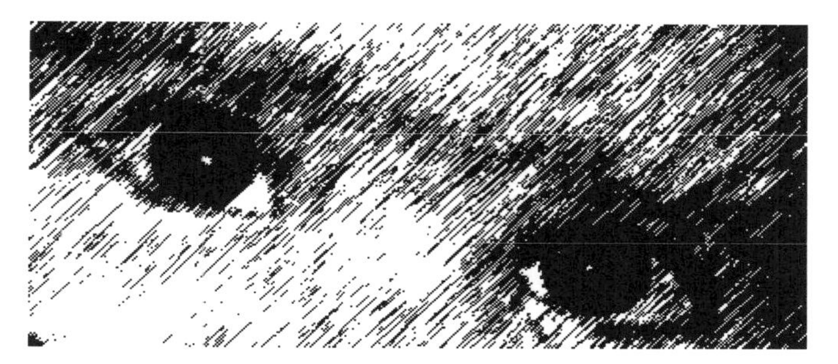

Para Ana Lia, por fazer tudo valer a pena.

Sumário

Prefácio

Esse texto é fruto de uma história de aprendizagem, cujo desígnio é ser um exemplo de coragem, de determinação e de um amor imenso.

Acompanhei o percurso acadêmico de Ana Amália desde seu ingresso no Mestrado na ECA-USP.

A estrutura do trabalho foi se formando ao longo da pesquisa e resultou em um arcabouço coerente, que atesta um raciocínio claramente delineado, organizado em capítulos que estabelecem um caminho lógico e bem encadeado. Sua reflexão tem como foco a ação artístico pedagógica cuja metodologia vinha sendo criada por Ana Amália durante sua experiência como professora de Inglês e Arte. Tal experiência constitui-se em uma invenção de sua autoria, constantemente avaliada por meio de questionamentos, leituras e propostas, bem como de dúvidas, inquietações e descobertas, que demonstram um processo de aprendizagem inquisitivo, audaz e bastante rigoroso.

O desafio de transformar tal prática reflexiva em texto dissertativo foi desde o início encarado de frente, como tarefa árdua e desconhecida, diante da qual Ana Amália teve sempre uma postura crítica e perseverante. Sua escrita foi se aprimorando durante a pesquisa e os conceitos buscados nas diversas fontes ganharam contornos precisos no texto final. A escrita é fluente, as formulações são claras, as passagens de um pensamento a outro estão explicitadas de modo convincente, os relatos são vivos e expressivos. As questões levantadas ao longo do texto mostram o amadurecimento reflexivo gerado pelo aprendizado nos diferentes âmbitos da investigação.

Segundo meu ponto de vista a arquitetura conceitual e metodológica da pesquisa combinam-se harmonicamente no texto final da Dissertação, revelando as conquistas que se produziram durante seu processo de construção, guiado por uma inteligência e por uma sensibilidade exemplares no confronto com os obstáculos que comumente permeiam um trajeto de Mestrado.

Um ponto importante a se ressaltar é o modo como foi concebida a forma final do trabalho, quando foi apresentado como Dissertação. Ana Amália teve visão da importância da clareza visual do enunciado, objetivando melhor aproveitamento e compreensão dos leitores. Desde a escolha do tipo de papel à organização do texto no espaço da página, ao modo de trabalhar as citações e as notas de rodapé, foi um belo trabalho de criação formal.

É com grande alegria que vejo esse trabalho transformado em livro. Há muitos pesquisadores, alunos e professores que investigam a interdisciplinaridade do conhecimento e buscam práticas pedagógicas que estabeleçam diálogos entre áreas que em geral permanecem isoladas. Esse livro pode contribuir muito para estudos que seguem essa direção, revelando pistas, levantando questões, testemunhando descobertas.

Acima de tudo, além dos conteúdos importantes que esse livro enuncia, está a presença de Ana Amália, contundente e bela. A vida não tem sido fácil para as pessoas que vivem nesse mundo de hoje. A vida não tem sido nada fácil para Ana Amália, particularmente.

Sua contundente verdade é nos mostrar a beleza que resiste grudada num ínfimo território de esperança. Com um senso de humor desconcertante, com um senso de amor que apenas poucos seres humanos puderam experimentar.

Regina Machado

Professora Livre-Docente do Departamento de
Artes Plásticas da Escola de Comunicação e Artes
da Universidade de São Paulo — USP.

Olhos/palavra/arte

Ao abrir a dissertação de Ana Amália Tavares Bastos Barbosa, o primeiro ímã não-verbal: uma tira com os olhos da filha pequena. Olhos de criança, olhos de descobrir o mundo.

A leitura do texto povoado de imagens confirma a entrada pela visualidade — o verbo e a imagem se transfundem num campo de argumentação que apresenta as artes plásticas como fio condutor e tecedor da teia da pedagogia de ensino de uma língua estrangeira — o inglês. Fruto de uma vivência auto-refletida e auto-acompanhada — Ana Amália fez graduação em Artes Plásticas, pós em Arte-Educação, trabalhava também como professora de inglês —, a pesquisa opera em caminhos de inter e transdisciplinaridade: dois processos do universo das artes e das comunicações, assim como da educação.

Este livro se origina da dissertação de mestrado "Diário de uma experiência: o ensino das artes visuais e do inglês de forma integrada", apresentada ao programa de pós-graduação em Artes da ECA-USP, sendo que participei das bancas do exame de qualificação e da avaliação final.

Ao utilizar processos artísticos para ensinar uma língua, atividade quase sempre repetitiva e mecanizada, Ana Amália explorou potencialidades criativas e pedagógicas de seu ofício de arte-educadora e trouxe novos olhares para professores de língua estrangeira. Seus alunos faziam arte enquanto exercitavam conversação inglesa. Podemos lembrar Gaston Bachelard, que formulou o conceito de imaginação material em contraponto à imaginação formal: para ele, a imaginação formal carrega o vício da ocularidade, que faz do conhecimento uma extensão da visão. Assim, o vocabulário científico, que usa termos como evidência, visão de mundo, conduz a uma tradução em termos racionais dos objetos existentes. Bachelard privilegia a imaginação material que, aliada à vontade, é poder e criação. É uma atividade essencialmente transformadora e dinâmica, fundada no corpo-a-corpo com a matéria. Ana Amália usou, em sua pesquisa, a riqueza da imaginação material, o trabalho com objetos artísticos e sobre objetos artísticos.

A experiência permitiu o inter-relacionamento de culturas através da arte e da língua, através da linguagem verbal e visual. Sala de aula com muitos livros de arte, materiais como tintas, pincéis, rolos de gravura, aparência de oficina; visitas a exposições, reflexões de observadores externos sobre a metodologia: tudo isso mostra a presença da imaginação material. Os alunos aprendiam a língua inglesa e também produziam trabalhos artísticos. Um belo design gráfico, coerente com as propostas da autora, apresenta o texto e a documentação visual com reproduções de obras de arte, reprodução de material didático, fotos da sala de aula. Ana Amália aponta para o "inter+cruzamento" do conhecimento: "inter+cruzamento do qual eu sou fruto como pessoa e como educadora, já que até hoje busco minha identidade cultural entre ter nascido no Nordeste, criada em São Paulo e nos Estados Unidos e ser artista, arte-educadora e professora de inglês. E é nesse inter+cruzamento de conhecimento, nas inter-relações, que se dá minha individualidade".

Dois eixos são fundamentais nos cruzamentos inter e transdisciplinares neste livro: o "natural approach" do norte-americano Stephen Krashen, que trouxe ao ensino de línguas as teorias de Chomsky, Piaget e Vygotsky; e a abordagem triangular do ensino de arte, de Ana Mae Barbosa. Ana Amália inicialmente pensava em criar uma metodologia para ensino de inglês, mas atingiu um modo integrativo, uma abordagem que põe em jogo discussões epistemológicas contemporâneas.

A pesquisa aplicada e sua documentação inserem-se nas preocupações atuais sobre epistemologia das comunicações e das artes. Como apreender objetos dinâmicos em constante transformação? Ana Amália vai percorrendo caminhos de aprendizagem entre a interdisciplinaridade e a transdisciplinaridade. Cita o grande mestre Paulo Freire: "(...) tirem o cavalinho da chuva se quiserem me entender simplesmente através de um só ângulo ou uma só disciplina, pois eu, enquanto totalidade, sou apreensível em retotalizações compreensivas." Transdisciplinaridade é uma atitude perante os processos de conhecer o mundo, que fica entre e além das disciplinas específicas. As idéias de rede em construção, de conexões entre os elementos dos sistemas visuais e lingüísticos, são vasos comunicantes de sua reflexão.

Mais do que disciplinas científicas, há que se trabalhar com o conceito de campo de conhecimento. O Grupo de Pesquisa de Pós-Graduação de Jornalismo e Ciências da Linguagem, da ECA-USP, ao qual pertenci por mais de quinze anos, há muito vinha discutindo a noção de campo. Nessa linha também trabalhávamos com as noções de pensamento complexo de Edgar Morin. Mas antes voltemos à apresentação feita por Marilena Chaui ao livro de Ecléa Bosi *Memória e sociedade: lembranças de velhos* (1979): "Porque está em toda parte e em nenhuma, sua tese não é uma 'coisa' nem é uma 'idéia' — é um campo de pensamento. Merleau-Ponty escreveu que a obra de pensamento é como a obra de arte, pois nela há muito mais pensamentos do que aqueles que cada um de nós pode abarcar". O trabalho de Ana Amália é um campo de pensamento e também uma obra de arte.

Ela traspassa arte e língua, signos verbais, signos sonoros, signos gráficos. Mergulha no pensamento complexo e seus alunos fazem arte, lêem obras de arte e as contextualizam — em inglês. Propõe uma integração entre linguagem verbal e visual que nos remete a um outro pesquisador que analisa a fenomenologia das imagens nesta era de cultura visual: Josep M. Català. Em seu livro sobre a complexidade da imagem, Català defende a necessidade de investigar não só o caminho através do qual podemos obter conhecimentos por meio das imagens, mas também a forma em que seja possível reflexionar visualmente sobre esse saber. Ana Amália acrescenta: "Por alguma razão pensar visualmente foi separado do pensar linguisticamente. Por que não combinar esses dois elementos?"

Os alunos — e a arte-educadora trabalhou com grupos grandes e pequenos — obtiveram conhecimento e cultura por meio de imagens e de atividades artísticas concretas; houve reflexões visuais e verbais. Pensamento complexo, imagem complexa: a língua é uma habilidade criativa e seu aprendizado vai muito além da memorização.

Ana Amália juntou o cérebro, o olho, a mão, o ouvido e a imaginação na sua pedagogia. Comumente, a ligação entre cérebro e mão é relacionada à alfabetização infantil: a mão, o papel, a palavra. Hoje, Ana Amália continua a exercitar e pesquisar relações entre arte e linguagem verbal. Só que hoje a mão não vai ao papel; a mão e a voz não constroem a palavra. A palavra vem pelos olhos, talvez o mais profundo caminho entre o cérebro e a expressão. Ana Amália pesquisou uma nova pedagogia em seu livro; hoje ela vive uma nova pedagogia visual/verbal em seu próprio corpo.

Dulcilia H. Schroeder Buitoni

Livre-Docente e Profa. Titular de Jornalismo da ECA-USP.
Professora do Mestrado — Faculdade Cásper Líbero.

Introdução

Há muitos anos venho atuando como professora de arte e professora de inglês. Nos congressos de arte-educação ouvia constantes reclamações dos arte-educadores acerca de uma prática muito comum nas escolas: dar ao professor de inglês as aulas de arte porque ambas têm poucas horas no currículo. Se nem todo professor de arte pode ensinar inglês por desconhecer a língua e os procedimentos metodológicos adequados, nem todo professor de inglês pode ensinar arte, pois desconhece a linguagem visual, sua história, suas metodologias.

Quais as condições que tornam possível esta inter-relação?

No início desta pesquisa fiz um inventário das perguntas que permeavam minha prática em sala de aula. A principal pergunta era se seria possível ensinar inglês e artes plásticas conjuntamente. Várias outras perguntas se relacionavam com esta pergunta principal: Será que há diferença em se aprender assim? Será que não vou "usar" uma disciplina em prol da outra? Será que existe sincronicidade histórica no ensino de arte e da língua inglesa? Quem vai querer ter aulas assim? A que público este tipo de aula pode interessar?

Eu tinha certeza de apenas uma coisa: quando comecei a lecionar inglês, queria criar um curso que tivesse a atmosfera relaxada e criadora de um ateliê, em que as pessoas aprendessem inglês mas não falando de coisas genéricas ou situações fictícias e sim discutindo arte, estética, história da arte, obras de arte, lendo e fazendo arte. O mesmo pensamento me ocoreu quando planejava minhas primeiras aulas de artes. Percebi, então, a necessidade de compreender a função do diálogo fundado em discussões estéticas e de história da Arte, tanto para fundamentar claramente seus pressupostos e objetivos, como também para que esse estudo guiasse de maneira mais eficiente minha prática docente.

Mas o que está por trás desta idéia? Que conceitos?

Conceitos de educação, de interdisciplinaridade, de cultura... Conceitos são construídos através de leituras, de aulas e palestras assistidas, de discussões, de pesquisas, enfim da vivência que se tem do assunto. Viver o assunto é pesquisar. Pesquisar parte da curiosidade sobre o que se faz. De certa forma foi assim que comecei essa pesquisa, pensando sobre as minhas experiências como estudante e como professora e refletindo sobre conceitos de educação. Como estudante, uma das experiências mais ricas que tive foi em 1977, nos Estados Unidos, no que seria equivalente à atual quinta série do Ensino Fundamental, quando estudei em uma escola alternativa chamada Cambridge Alternative Public School. Avaliando como estudante apenas, foi uma experiência fascinante pois podíamos fazer o que queríamos, escolhíamos o que estudar e quando. Como professora, percebo que o que se fazia na C.A.P.S. era um trabalho interdisciplinar experimental, podíamos escolher o que queríamos estudar dentro de um tema que todos estudávamos e tínhamos como tarefa reportar à classe nossas descobertas. Lembro-me, por exemplo, que naquele semestre estávamos estudando o continente africano, sua geografia, sua história, suas línguas e literaturas, suas expressões culturais, sua flora e fauna, sua política, enfim o que fosse possível estudar sobre o continente. Cada aluno escolhia o que mais o interessava para pesquisar. Eu escolhi a arte e a cultura que se manifestavam através das vestimentas. Mas todos os estudantes deveriam fazer um mapa do continente, ler certos clássicos da literatura africana, sendo que isso podia ser feito em qualquer horário, contanto que tivéssemos lido até a data previamente combinada. Eu nunca havia tido uma experiência destas na escola e quando comecei a lecionar tudo o que eu queria era poder propiciar aos meus alunos a mesma chance que eu tinha tido de experimentar um aprendizado diferente, em que o aluno é sujeito do seu aprendizado e o professor, um propositor e mediador.

Comecei este trabalho procurando sujeitos que concordassem em fazer parte dessa experiência junto comigo e, ao mesmo tempo, comecei a me aprofundar mais nas questões teóricas relativas à interdisciplinaridade, à história do ensino da língua inglesa e do ensino da arte. Percebi a necessidade de travar um diálogo com outros especialistas que observassem minhas aulas, tanto na área de ensino de línguas quanto da área de ensino de artes.

O primeiro capítulo deste livro é composto da fundamentação teórica desta pesquisa, em primeiro lugar os estudos sobre interdisciplinaridade, transdisciplinaridade e integração. Em seguida vem o estudo acerca das abordagens educacionais que pautam meu trabalho em sala de aula: a *Natural Approach* de Stephen Krashen no ensino da língua inglesa e a Abordagem Triangular de Ana Mae Barbosa no ensino de artes e ambos em relação ao momento educacional que vivemos.

O segundo capítulo é composto do diário. A experiência relatada quase que passo a passo, com transcrições das aulas e fotos dos trabalhos realizados pelos alunos. As aulas foram observadas tanto por uma especialista em ensino de arte quanto por uma especialista em ensino de inglês e isso foi relatado e analisado.

Foi a intersecção da teoria e da prática que construí este trabalho, esta experiência e este texto. Por isso a idéia de um diário de classe foi uma escolha natural. O diário das leituras de uma professora. O diário de uma experiência.

1

Fundamentação teórica

Interdisciplinaridade, transdisciplinaridade e integração

Um galo sozinho não tece uma manhã:
ele precisará sempre de outros galos.
De um que apanhe esse grito que ele
e o lance a outro, de um outro galo
que apanhe o grito que um galo antes
e o lance a outro; e de outros galos
que com muitos outros galos se cruzem
os fios de sol de seus gritos de galo,
para que a manhã, desde uma teia tênue,
se vá tecendo, entre todos os galos.
E se encorpando em tela, entre todos,
se erguendo tenda, onde entrem todos,
se entretendo para todos, no toldo
(a manhã) que plana livre de armação.
A manhã, toldo de um tecido tão aéreo
que tecido, se eleva por si: luz, balão.

João Cabral de Melo Neto

"É impossível a construção de uma única, absoluta e geral teoria da interdisciplinaridade, mas é necessária a busca ou o desvelamento do percurso teórico pessoal de cada pesquisador que se aventurou a tratar as questões desse tema".[1]

A interdisciplinaridade não parece possuir uma definição estanque. A cada texto que leio, a cada pesquisa que encontro, vislumbro um novo aspecto, uma nova definição. Já existe uma história de pesquisa que vem tentando defini-la e compreendê-la ao longo das décadas.

Ivani Fazenda divide, para fins didáticos, o movimento interdisciplinar em três décadas: 1970, 1980, 1990 e como tentativa de organização teórica ela diz que em "[...] 1970, procurávamos uma definição para a interdisciplinaridade; em 1980, tentávamos explicitar um método para a interdisciplinaridade e em 1990 estamos partindo para a construção de uma teoria da interdisciplinaridade".[2] Isso não quer dizer que a interdisciplinaridade só tenha surgido na década de 1970 mas sim que ela passa a determinar um movimento pedagógico a partir desta data.

Em diversos momentos da história humana podemos perceber a busca pela integração do conhecimento como, por exemplo, no Renascimento, onde a educação tinha como finalidade "[...] formar o homem integral, completo, conhecedor de todos os aspectos do mundo físico e humano".[3] Também no Iluminismo se enfatiza a unidade do conhecimento. A sociedade moderna e industrializada do século XX vê surgir o "mito do conhecimento especializado" e a educação passa de integradora a compartimentalista, mas a vida humana é composta de muitas facetas, muitos ângulos diferentes que interagem. Uma pessoa nunca é apenas o seu ser profissional, ou familiar, ou social, mas sim todos estes. Um não se sobrepõe ou é mais importante que o outro, pois o ser profissional precisa do apoio e estrutura da família e vice-versa. Assim o conhecimento humano também é sempre composto de diversos conhecimentos.

---

1. Fazenda, Ivani. *Interdisciplinaridade: história, teoria e pesquisa.* Campinas, Papirus Editora, 1994, p. 13.

2. Ibidem.

3. Sales, Heloisa Margarido. *Prática interdisciplinar no ensino de Arte. Estudo de caso, Colégio Equipe anos 70.* Dissertação de Mestrado. Escola de Comunicações e Artes da Universidade de São Paulo, 1992, p. 10.

"A interdisciplinaridade surge como uma exigência contemporânea de resgatar a compreensão do fenômeno humano pelo inter-relacionamento dos conhecimentos".[4] Na década de 1970 a categoria mobilizadora ou de reflexão na discussão sobre interdisciplinaridade foi a *totalidade* a partir de um dos principais precursores do movimento, Georges Gusdorf, mas não é essa a única razão para a existência de trabalhos e pesquisas interdisciplinares:

"a) há uma demanda ligada ao desenvolvimento da ciência: a interdisciplinaridade vem responder à necessidade de criar um fundamento ao surgimento de novas disciplinas;

b) há uma demanda ligada às reivindicações estudantis contra um saber fragmentado, artificialmente cortado, pois a realidade é necessariamente global e multidimensional: a interdisciplinaridade aparece como símbolo da "anticiência", do retorno ao vivido e às dimensões sócio-históricas da ciência;

c) há uma demanda crescente por parte daqueles que sentem mais de perto a necessidade de uma formação profissional: a interdisciplinaridade responde à necessidade de formar profissionais que não sejam especialistas de uma só especialidade;

d) há uma demanda social crescente fazendo com que as universidades proponham novos temas de estudo que, por definição, não podem ser encerrados nos estreitos compartimentos das disciplinas existentes".[5]

Japiassu identifica em seu trabalho, que é um marco no estudo da interdisciplinaridade no Brasil, não só as demandas que levaram ao início de um movimento de pesquisas interdisciplinares, mas também as principais diferenças conceituais entre autores importantes tais como Michaud, Heckhausen, Piaget e Jantsch.

Japiassu descreve diferentes formas de interdisciplinaridade. A mais condizente com a maneira como concebo a interdisciplinaridade no meu trabalho de pesquisa e de sala de aula seria a chamada interdisciplinaridade estrutural:

---

4. Idem, p. 18.

5. Japiassu, Hilton. *Interdisciplinaridade e patologia do saber*. Rio de Janeiro, Imago Editora, 1976, p. 81.

"Ao entrar num processo interativo, duas ou mais disciplinas ingressam, ao mesmo tempo, num diálogo em pé de igualdade. Não há supremacia de uma sobre as demais. As trocas são recíprocas. O enriquecimento é mútuo. São colocados em comum, não somente os axiomas e os conceitos fundamentais, mas os próprios métodos. Entre elas há uma espécie de fecundação recíproca".[6]

No entanto, como já dito anteriormente a década de 1970 pedia uma definição do conceito de interdisciplinaridade mas esta meta não parece ter sido atingida por completo pois ainda hoje nos vemos perante a não-existência de uma única definição do conceito de interdisciplinaridade.

Sabemos, entretanto, que as pessoas não aprenderão sem fazer relações com conhecimentos já de antemão adquiridos e que, quando aprendemos algo, apreendemos melhor, ou fixamos melhor na memória, se o relacionarmos a um evento, pessoa ou até outro conhecimento. A isso se relacionam os conceitos de interdisciplinaridade que falam do sujeito interdisciplinar, aquele que possui uma "atitude de espírito, feita de curiosidade, de abertura, de sentido de descoberta, de desejo de enriquecer-se com novos enfoques, de gosto pelas combinações de perspectivas e de convicção levando ao desejo de superar os caminhos já batidos".[7]

A formação do professor, que inclui postura e atitude interdisciplinar, é fundamental para que um trabalho de interdisciplinaridade seja bem-sucedido. A atitude interdisciplinar pode ser considerada: "[...] uma atitude diante de alternativas para conhecer mais e melhor, atitude de espera ante os atos consumados, atitude de reciprocidade que impele à troca, que impele ao diálogo — ao diálogo com pares anônimos ou consigo mesmo — atitude de humildade diante da limitação do próprio saber, atitude de perplexidade ante a possibilidade de desvendar novos saberes, atitude de desafio — desafio perante o novo, desafio em redimensionar o velho — atitude de envolvimento e comprometimento com os projetos e com as pessoas neles envolvidos, atitude, pois, de compromisso em construir sempre da melhor forma possível,

6. Idem, p. 81.

7. Idem, p. 82.

atitude de responsabilidade mas, sobretudo, de alegria, de revelação, de encontro, enfim de vida".[8]

A atitude de vida só pode ser por nós percebida quando nos observamos e nos avaliamos individualmente. Ao me avaliar como professora, percebo muito da minha própria formação. Fui introduzida ao mundo dos conhecimentos artísticos a partir dos meus 3 anos de idade e comecei a aprender a língua inglesa com 5. Tanto um quanto outro conhecimento me acompanharam e fizeram parte da minha formação como pessoa e como profissional. Em 1983, aos 17 anos, prestei o exame para o Certificado de Proficiência na Língua Inglesa da Universidade de Cambridge e no ano seguinte prestei o exame vestibular para Educação Artística com habilitação em Artes Plásticas. Enquanto estudava Artes Plásticas na faculdade, trabalhava ensinando inglês em escolas especializadas no ensino da língua, assim como em escolas do Ensino Fundamental e Médio, respectivamente. A princípio, assim como vários outros colegas de faculdade e como muitos dos estudantes de ensino superior no Brasil, eu estudava algo e trabalhava em outra coisa totalmente diferente ou pelo menos era o que eu acreditava até então, já que ainda não vislumbrava nenhuma relação entre o ensino de inglês e as artes plásticas, talvez por ser a Faculdade de Artes mais voltada à formação do artista do que à do educador e por estar ensinando inglês de forma quase empírica sem uma formação universitária na área.

Em um dado momento passei também ministrar a disciplina de artes nestas mesmas escolas. Apesar de serem disciplinas distintas, por serem ministradas pela mesma professora, os alunos começaram a levantar questões de uma das disciplinas no horário da outra e eu comecei a "utilizar" o que eles estavam aprendendo em uma das matérias para "facilitar" o aprendizado da outra. Algumas experiências foram bem-sucedidas e outras não, mas percebi que poderia trabalhar as duas disciplinas juntas e no currículo escolar da época isso não era permitido. Queria trabalhar assim pelo prazer que isso me proporcionava e que parecia proporcionar aos meus alunos. Era tudo muito intuitivo, embasado na experiência diária em sala de aula e na minha experiência de vida. Acreditava também que trabalhando desta maneira eu poderia "Levá-los a serem mais

---

8. Fazenda, Ivani. Op. cit., p. 31.

fluentes no sentido de fertilizar suas idéias. A serem flexíveis no sentido de desenrijecer a lógica do pensamento cotidiano. A serem originais no sentido de produzirem suas próprias respostas. Serem capazes de elaborar — articular — num produto as descobertas feitas".[9]

A sensação de estar sendo polivalente me incomodava. Polivalência na área de artes é um problema extremamente sério e até de cunho político "a polivalência, instituída pela Reforma de 1971, traduz a interdisciplinaridade em termos de restaurante de prato feito. [...] Em algumas áreas, como em Educação Artística, o problema é crucial. O professor tem que dominar não só conteúdos diversos, mas principalmente três diferentes linguagens, suas manifestações e matérias de representação em cursos de apenas dois anos, e ensinar teatro, artes plásticas e música, conjuntamente, a alunos que terão de deglutir como arte uma mistura mal cozida pelo próprio professor".[10] Sabia não estar sendo polivalente na área de artes, já que sempre trabalhei apenas com as artes visuais (que são a minha especialidade), no entanto, tinha dúvidas se não estava sendo polivalente já que era a mesma professora ministrando duas disciplinas. Mas por que isso seria polivalência? Ou será que era interdisciplinaridade? Ou apenas coincidência? Interessante como as idéias se inter-relacionam com os acontecimentos vivenciados. À medida que ia me questionando sobre o que poderia e gostaria de fazer com estas duas disciplinas também me questionava sobre a educação. Talvez por cansaço, ou por desilusão, mas acredito que mais por indecisão, ao terminar a faculdade parei de dar aulas em escolas de primeiro e segundo grau. Comecei a trabalhar em escolas de inglês para executivos, com adultos. Escolas que possuem métodos de ensino da língua muito mecanicistas e padronizados em sua maioria. Mais uma vez, intuitivamente, passei a utilizar reproduções de obras de arte ao invés de figuras de revistas ou de livros para explicitar uma ou outra questão gramatical e a falar do meu trabalho como artista, levantando discussões a respeito de questões culturais e artísticas com os alunos. Mais uma vez percebi a eficiência desse recurso, já que os tópicos de

9. Machado, Regina S. B. in Barbosa, Ana Mae. *Conflitos e acertos*. São Paulo, Max Limonad, 1984, p. 93.

10. Barbosa, Ana Mae. *Conflitos e acertos*. São Paulo, Max Limonad, 1984, p. 69.

discussão sugeridos pelos livros didáticos para o ensino da língua inglesa não variam muito, o que pode tornar monótona a discussão.

Comecei a dar aulas particulares de inglês no meu ateliê. Os alunos passavam todo dia pela minha mesa de trabalho e tinham a chance de ver como um trabalho artístico se desenvolve. Fiz exposições e os convidei, discutimos o que eles pensavam sobre o meu trabalho e sobre arte em geral. Percebi que o interesse crescia e que quanto mais falávamos de arte e pensávamos sobre arte na aula de inglês, mais soltos e mais confiantes eles ficavam para falar inglês. Ao mesmo tempo percebi que começavam a se expressar, e não apenas a se comunicar, na língua inglesa. Alguns alunos começaram a pedir para também ter aulas de arte, de desenho, pois queriam aprender mais sobre o assunto.

No entanto, a sensação de que estava apenas me "utilizando" de uma disciplina para "facilitar" o aprendizado de outra ainda me incomodava. Comecei então a refletir sobre o quanto de interdisciplinaridade havia neste trabalho que eu estava desenvolvendo e qual seria o real significado da interdisciplinaridade. Mas será que existe um único significado? Será que o significado não se alterou nestas últimas décadas de pesquisa? Comecei a ler sobre o assunto.

Nas minhas experiências com educação, tanto como aluna quanto como professora, percebo que o que realmente ficou na memória são aqueles momentos de aprendizado onde de certa forma como aprendiz eu tomava conta do meu aprendizado, onde as aulas não eram apenas expositivas mas participativas, onde não só se repetia um padrão mas havia uma proposta de um trabalho criador, e isso em qualquer disciplina de qualquer nível, primário, secundário ou universitário. Nas aulas de arte isso fica muito claro pois o aluno é dono do seu trabalho, ele tem que tomar decisões e criar por conta própria, ele tem que ter uma participação ativa e não passiva em sala de aula, sendo essa a grande conquista do modernismo para o ensino de arte. Nas aulas de inglês, no entanto, nem sempre isso acontece. Apesar da grande maioria dos cursos ter enfoque na conversação, o aluno ainda tem que fazer muitos exercícios de repetição, para aprimorar sua pronúncia, por exemplo.

Ainda na esteira da memória me lembrei de uma aluna de sexta série que havia estudado William Turner comigo em aula de arte.

Depois de uma aula de história veio me dizer que finalmente havia compreendido a obra de Turner pois pensou sobre a invenção do trem e de como teria sido a visão de uma pessoa que viajava pela primeira vez em velocidade que embaralharia as imagens.

Achei aquilo mágico e revelador. A compreensão das partes se dá na compreensão do todo: "Fazendo uma metáfora comparativa, é como se a totalidade, dissesse a subjetividade reflexionante algo assim: — tirem o cavalinho da chuva se quiserem me entender simplesmente através de um só ângulo ou uma só disciplina, pois eu, enquanto totalidade, sou apreensível em retotalizações compreensivas".[11]

Acredito, portanto, que a minha formação me levou a um trabalho interdisciplinar, não tanto por ter sido exposta a propostas interdisciplinares na escola, mas por ter sido exposta a atitudes interdisciplinares e não só na escola. Atitudes interdisciplinares, como dissemos antes, são atitudes que levam ao diálogo, à busca de alternativas que nem sempre estão em si mesmo mas na relação com o outro. No início de minha pesquisa eu acreditava que para o professor trabalhar com interdisciplinaridade ele precisaria ter domínio das diversas disciplinas com que iria trabalhar. Hoje não penso mais assim, acredito que este professor interdisciplinar é aquele que sabe montar uma rede onde as diferentes disciplinas se relacionem sem hierarquias ou poderes. "A metáfora da rede em construção ajuda-nos a expressar a idéia central de nossa proposta: que a cognição se desenvolve por meio de conexões entre pessoas, objetos, conceitos, preconceitos, intuições, símbolos, metáforas, enfim, uma intricada rede de associações, e que o aprendiz é sujeito ativo engajado na construção de sua própria rede de conhecimentos. A função mais importante do professor é a de facilitador ou mediador desta construção".[12]

Trabalhar com interdisciplinaridade é como executar uma sinfonia. "Para a execução será necessária a presença de muitos elementos: os instrumentos, a

---

11. Freire, Paulo. *Contribuições da interdisciplinaridade para a ciência, para a educação e para o trabalho sindical*. Organização de Adriano Nogueira. Petrópolis, Vozes, 1995.

12. Kleiman, Ângela & Moraes, Silvia. *Leitura e interdisciplinaridade, tecendo redes nos projetos da escola*. Campinas, Mercado de Letras, 1999, p. 47.

platéia, os aparelhos eletrônicos etc. [...] Todos os elementos são fundamentais, descaracterizando, com isso, a hierarquia de importância entre os membros [...] Para que a sinfonia aconteça será preciso a participação de todos [...] A integração é importante mas não é fundamental. Isto porque na execução de uma sinfonia é preciso a harmonia do maestro e a expectativa daqueles que assistem".[13]

O professor de arte pode ter um papel muito importante na prática da integração, mas é preciso cuidado, já que por anos, todos nós da área de arte ouvimos, e continuamos ouvindo, que devemos ser o elo integrador na escola. Mas que integração é esta? Interdisciplinar? Não se faz interdisciplinaridade usando da habilidade do professor de arte nas festas da escola, ou para ilustrar textos em português, ou para ensinar princípios matemáticos via origami. Falar disto me parece a repetição de uma velha "ladainha" que vem sendo entoada pelos professores de arte há anos, mas na verdade nunca é demais repetir: arte tem conteúdo, assim como todas as outras disciplinas, e esse conteúdo deve ser respeitado e estimulado tanto quanto os outros.

O conteúdo de arte está nas três coisas que podemos fazer com arte: falar de arte, ver arte e fazer arte. Para fazer arte precisamos aprender técnicas, explorar materiais. Para falar de arte, temos que nos apropriar de uma linguagem específica que adquirimos, dentre outras maneiras, vendo arte. E, vendo arte, podemos interpretar, podemos analisar e avaliar as imagens que nos são oferecidas pela mídia em geral. Será que não são razões suficientes para se entender que o ensino de arte não deve se restringir a festas e a acompanhar as outras disciplinas?

Quando iniciei esta pesquisa tinha a intenção de criar uma metodologia. Hoje percebo que a metodologia é de cada professor em sua sala de aula. A minha metodologia leva em consideração o fato de que domino as duas disciplinas. Nunca me esqueço da arte ao dar aulas de inglês e nem de inglês ao dar aulas de arte. Ambas estão intrinsecamente ligadas, por isso poder trabalhar integrando inglês e arte é muito importante para mim. Eu vejo que são

---

13. Ferreira, Sandra Lúcia, in Fazenda, Ivani. *Práticas interdisciplinares na escola*. São Paulo, Cortez, p. 34.

meus conhecimentos como um todo, minhas experiências, vivências e minha atitude perante o ser humano que me levam a trabalhar de uma maneira mais integradora.

Neste trabalho tenho que harmonizar ambas as disciplinas de forma a que elas tenham seus conteúdos respeitados, mas isso implica em escolhas e as escolhas deixam sempre alguma coisa para trás.

Uma dessas escolhas refere-se ao termo interdisciplinar.

Mas será que é interdisciplinar? Interdisciplinar não requer vários sujeitos? Nesta pesquisa há apenas uma professora e duas disciplinas.

Procurei uma melhor adequação no termo transdisciplinar. Mas, o que vem a ser a transdisciplinaridade? "A transdisciplinaridade, em uma rápida explanação, é um modo de conhecimento, é uma compreensão de processos, é uma ampliação da visão do mundo e uma aventura do espírito. Transdisciplinaridade é uma nova atitude, uma maneira de ser diante do saber. Etimologicamente, o sufixo trans significa aquilo que está ao mesmo tempo entre as disciplinas, através das diferentes disciplinas e além de toda disciplina, remetendo à idéia de transcendência. Transdisciplinaridade é a assimilação de uma cultura, é uma Arte no sentido da capacidade de articular. Por isso após revisitar, com grande respeito, rigor e inclusão: o conhecimento, a noção de valor, o contexto, a estrutura, a pesquisa, a competência, a oferta, o método e o ser humano, traz sua própria contribuição integradora e planetarizante".[14]

Mais uma vez a questão da atitude, atitude perante o mundo, perante a aprendizagem.

"[...] segundo Nicolescu, Transdisciplinaridade é o que fica entre e além das disciplinas individuais... envolve um diálogo entre as disciplinas que não serão apenas modificadas por este diálogo (como na interdisciplinaridade), mas a partir do qual irão emergir novas idéias e conhecimentos".[15]

---

14. Mello, Maria F. de. *Transdisciplinaridade: uma visão emergente*. Disponível em: <http://www.cetrans.futuro.usp.br/art9.htm>.

15. Brenner, Joseph E. *The psychology of transdisciplinary*. Disponível em <http://www.cetrans.futuro.usp.br/art7.htm>.

Como surgiu este termo e no que ele difere do termo e do conceito de interdisciplinaridade?

"Especialistas localizam a origem do conceito de transdisciplinaridade em um artigo de Niels Bohr sobre a unidade do conhecimento (1995). Entretanto, costuma-se atribuir a J. Piaget o uso pioneiro do termo".

A transdisciplinaridade pode ser concebida como uma modelização dos sistemas complexos, mas apoiada numa metodologia que lhe é específica. Essa metodologia foi definida no Primeiro Congresso Mundial da Transdisciplinaridade que ocorreu em Arrábida, Portugal, em 1994, em sua carta final.

> A atitude transdisciplinar implica mais precisamente "o reconhecimento da existência de diferentes níveis de realidade, regidos por lógicas diferentes". Assim, como enuncia a Carta da Transdisciplinaridade: "toda tentativa de reduzir a realidade a um único nível regido por uma única lógica não se situa no campo da transdisciplinaridade" (Artigo 2), e "a visão transdisciplinar é resolutamente aberta na medida em que ultrapassa o campo das ciências exatas por sua lógica e sua reconciliação não apenas com as ciências humanas, mas também com a arte, a literatura, a poesia e a experiência interior" (Artigo 5). Se o desvio pela etimologia pareceu-nos necessário, é interessante notar que a transdisciplinaridade põe em relevo uma metodologia, isto é, uma abordagem específica, e uma atitude. Essa combinação particular do objeto e do sujeito torna possível a tentativa de reconciliação entre ciências exatas e ciências humanas, justificada por um possível isomorfismo: os sistemas naturais normalmente podem ser decompostos em níveis de organização que constituem outras tantas disciplinas distintas. Essa observação deve poder se dar tanto no nível da física clássica como no da mecânica quântica, implicando uma participação e uma presença do sujeito (como as leis de ambas são radicalmente distintas, isso pressupõe a existência de ao menos dois níveis de realidade)".[16]

Se a transdisciplinaridade pressupõe uma metodologia específica, podemos concluir que a experiência que vou relatar e na qual venho trabalhando não pode ser considerada transdisciplinar, já que esta metodologia não foi leva-

---

16. Paul, Patrick. *Os diferentes níveis de realidade entre ciência e tradição*. Disponível em <http://www.cetrans.futuro.usp.br/diferentes_niveis.htm>.

da em conta. No entanto, ainda há uma pergunta a ser feita: Qual a diferença entre inter, pluri, multi ou transdisciplinar?

Sumarizando Nicolescu a pluridisciplinaridade diz respeito ao estudo de um objeto de uma mesma e única disciplina por várias disciplinas ao mesmo tempo. Ele dá o exemplo de um quadro de Giotto que pode ser estudado pela ótica da história da arte, em conjunto com a da física, da química, da história das religiões, da história da Europa e da geometria [...]. Defende a idéia de que assim o objeto sairá enriquecido pelo cruzamento de várias disciplinas. O conhecimento do objeto em sua própria disciplina é aprofundado por uma fecunda contribuição pluridisciplinar. A pesquisa pluridisciplinar traz um algo a mais à disciplina em questão, porém este "algo a mais" está a serviço apenas desta mesma disciplina. Termina afirmando que, a abordagem pluridisciplinar ultrapassa as disciplinas, mas sua finalidade continua inscrita na estrutura da pesquisa disciplinar".[17]

Interessante que, quando li este trecho do texto de Nicolescu pela primeira vez, li em inglês e quando resolvi incluí-lo nesta dissertação pedi a uma colega que o traduzisse. Na versão em inglês os termos pluridisciplinar e multidisciplinar se intercambiam, ora o tradutor usa um, ora outro, mas foi só ao ler em português que estranhei o uso dos dois termos com uma única definição. Procurei a publicação original, em francês, e descobri que o autor não utiliza o termo multidisciplinaridade em momento algum deste texto.

Por que será que na versão em inglês o termo aparece? Terá sido apenas um engano do tradutor ou será que os termos pluridisciplinaridade e multidisciplinaridade têm o mesmo significado na língua inglesa? Resolvi pesquisar e descobri que os prefixos multi e pluri vêm ambos do latim, sendo que *multi* é usado para definir mais de um (objeto ou questão) e *pluri* para apontar a existência de vários (objetos e questões). O termo *pluridisciplinary* não aparece no dicionário de inglês, mas sim o termo *multidisciplinary*, que significa um ato educacional que envolva mais de uma disciplina em uma única atividade, ou, ainda, contribuições de várias disciplinas para uma questão, ou tópico, sem nenhuma tentativa de síntese.

---

17. Nicolescu, Basarab. *O manifesto da transdisciplinaridade*. 2. ed. São Paulo, Irion, 2001.

Sempre comento com meus alunos que nada é apenas um problema semântico e que as palavras devem ser usadas com propriedade para que possam ter seu real significado compreendido. Por uma questão de tradução fui levada a pensar melhor sobre estes dois termos e a pesquisar a respeito.

"Tanto o multi quanto o pluridisciplinar realizam apenas um agrupamento, intencional ou não, de certos 'módulos disciplinares', sem relação entre as disciplinas (o primeiro) ou com algumas relações (o segundo): um visa à construção de um sistema disciplinar de apenas um nível e com diversos objetivos; o outro visa à construção de um sistema de um só nível e com objetivos distintos, mas dando margem a certa cooperação, embora excluindo toda coordenação".[18]

"A interdisciplinaridade tem uma ambição diferente daquela da pluridisciplinaridade. Ela diz respeito à transferência de métodos de uma disciplina para outra [...] ultrapassa as disciplinas mas sua finalidade também permanece inscrita na pesquisa disciplinar.

A *transdisciplinaridade*, como o prefixo 'trans' indica, diz respeito àquilo que está ao mesmo tempo entre as disciplinas, *através* das diferentes disciplinas e *além* de qualquer disciplina. Seu objetivo é a *compreensão do mundo presente*, para o qual um dos imperativos é a unidade do conhecimento".[19]

Transdisciplinaridade, interdisciplinaridade, multidisciplinaridade e pluridisciplinaridade são muitas vezes confundidas entre si. Em parte por ultrapassarem os limites das disciplinas, do aprendizado especialista.

No entanto, a transdisciplinaridade difere das demais por sua finalidade, que é a compreensão do mundo.

Nas leituras sobre transdisciplinaridade a palavra integração apareceu sistematicamente.

Que integração é esta de que falamos e como ela se dá na experiência estudada aqui?

"Há um crescente interesse em integrar as artes com outras matérias no currículo escolar. Existem várias frases associadas a este interesse: currículo inte-

---

18. Japiassu, Hilton. Op. cit., p. 73.

19. Ibidem.

grado, estudo interdisciplinar, estudo de disciplinas cruzadas, currículo centrado nas artes, ensino integrado. Essas frases representam uma significativa mudança na ênfase dada a arte-educação, longe da preocupação com a integridade das disciplinas e das diferenças entre a arte e outras matérias, com vistas a criar conexões entre elas".[20]

Interdisciplinaridade, transdisciplinaridade e integração

Comumente vemos conexões serem feitas, no entanto elas são feitas dentro de um mesmo código, dentro de uma mesma linguagem. Por alguma razão pensar visualmente foi separado do pensar lingüisticamente. Por que não combinar estes dois elementos?

"O ensino integrado também exige aumentar as associações tanto além como dentro do sistema de símbolos [...]. E exige, especialmente, fazer conexões entre os elementos dos sistemas visuais e lingüísticos. O motivo é que muito do significado das obras de arte consiste em suas relações com o nosso mundo, com nossos propósitos pessoais e coletivos, nossa vida e a cultura em que vivemos. Gostaria de lembrar que a cultura é acessível principalmente através da linguagem. Ainda que a imensa cadeia de significados que chamamos de cultura seja expressa em todas as mídias, ela é amplamente sustentada na linguagem e no comportamento. Temos um acesso bastante limitado à cultura sem a linguagem, e sem a linguagem as obras de arte têm conexões muito limitadas com a cultura. É parte do meu argumento que fazer uma distinção tão rígida entre o pensamento visual e o pensamento lingüístico é o mesmo que manter separadas arte e cultura [...]. Não podemos dizer exatamente o que vemos, nem ver tudo o que é sugerido por associações lingüísticas".[21]

Para se compreender uma cultura torna-se necessário conhecer sua língua. A arte é parte significativa das diversas culturas existentes no mundo. A

---

20. Parson, Michael. *Integrated curriculum and our paradigm of cognition in the arts*. Columbus, Ohio State University, 1995, p. 26.

21. Ibidem.

ação de integrar a arte e a língua falada por uma determinada cultura pode oferecer mais dados para a compreensão tanto desta língua quanto da arte e em última instância da cultura de um povo.

No trabalho que venho desenvolvendo com meus alunos pretendo que essas conexões aconteçam pois elas já acontecem comigo. Conexões entre a arte e a cultura, entre a língua que se fala e a cultura. Conexões para uma melhor compreensão do mundo ao nosso redor e de nossa própria identidade.

2

Abordagens contextualizadas

Abordagem, metodologia ou prática?

O que significam estas palavras no contexto da aprendizagem?

A abordagem é o conjunto de idéias e crenças sobre a aprendizagem, são as teorias nas quais nos baseamos e nas quais acreditamos para desenvolvermos uma metodologia. A abordagem não determina um planejamento mas indica os caminhos para o professor. Sempre digo aos meus alunos-professores do curso de pedagogia que, todo dia, ao entrar na sala de aula, eles devem ter em mente qual seu ideário, ou o que julgam ser importante, em termos de educação. Isso porque, independentemente do como vou ministrar uma disciplina ou outra, a razão pela qual estou lá é o que lidera a ação e a pessoa para quem eu estou falando é que irá me dizer como modelar minha ação. Eu considero a Abordagem Triangular para o ensino da arte e a *Natural Approach* (Abordagem Natural) para o ensino de línguas como as que melhor desenvolvem a autonomia para aprendizagem e capacidade crítica, valores educacionais que subscrevo.

Sempre ouvi dizer que metodologia é o professor quem faz em sua sala de aula e só recentemente isto ficou claro para mim. Quando adotamos uma teoria sobre o ensino precisamos criar possibilidades para desenvolvê-la em nossas aulas. Fazemos então um planejamento à luz destas teorias, destas abordagens, mas temos que levar em consideração quem são nossos alunos, qual é o contexto. E é levando contexto teórico em consideração que desenvolvemos nossos procedimentos em sala de aula.

Várias teorias sobre aprendizado e ensino de línguas foram propostas ao longo dos anos e elas se resumem a três movimentos importantes:

1. *grammar-translation*, onde predominam a tradução e a gramática;
2. *audiolingualism*, que deu origem aos métodos áudio-orais e audiovisuais, baseados na imitação, repetição e memorização de palavras e frases;
3. *natural or communicative approaches*, baseadas na interação social em ambientes estruturados culturalmente.

Em seu livro *Principles and practice in second language acquisition* (1985), Stephen Krashen

> define os conceitos de *language learning e language acquisition* e conclui que proficiência em língua estrangeira não é resultado de acúmulo de conhecimento a respeito de regras gramaticais. Aponta também para a conclusão de que o ensino de línguas eficaz não é tampouco aquele que depende de receitas didáticas em pacote, de prática oral repetitiva, ou que busca apoio de equipamentos eletrônicos e tecnologia, mas sim aquele que explora a habilidade do instrutor em criar situações de comunicação autêntica, naturalmente voltadas aos interesses e necessidades de cada grupo e cada aluno, não necessariamente dentro de uma sala de aula, que enfatiza o intercâmbio entre pessoas de diferentes culturas, e que dissocia as atividades de ensino e aprendizado do plano técnico-didático, colocando-as num plano pessoal-psicológico.
>
> A hipótese *acquisition-learning* e a hipótese *monitor* representam a essência da teoria de Krashen.
>
> De acordo com sua teoria, *acquisition* é responsável pelo entendimento e pela capacidade de comunicação criativa: habilidades desenvolvidas subconscientemente. Isto ocorre através da familiarização com a característica fonética da língua, sua estruturação de frases, seu vocabulário, tudo decorrente de situações reais, bem como pela assimilação das diferenças culturais e adaptação à nova cultura.
>
> *Learning* depende de esforço intelectual e procura produzir conhecimento consciente a respeito da estrutura da língua e de suas irregularidades, preconiza a

memorização de vocabulário fora de situações reais. Este conhecimento serve para ativar uma função de monitoramento da fala. Entretanto, o efeito deste monitoramento sobre a *performance* da pessoa, depende muito de cada um. Pessoas que tendem à introversão, à falta de autoconfiança, ou ao perfeccionismo, pouco se beneficiarão de um conhecimento da estrutura da língua e de suas irregularidades. Pelo contrário, no caso de línguas com alto grau de irregularidade (como o inglês), poderão desenvolver um bloqueio que compromete a espontaneidade devido à consciência da alta probabilidade de cometerem erros. Pessoas que tendem à extroversão, a falar muito, de forma espontânea e impensada, também pouco se beneficiarão de *learning*, uma vez que a função de monitoramento é quase inoperante, está submetida a uma personalidade intempestiva que se manifesta sem maior cautela. Os únicos que se beneficiam de *learning* são as mais equilibradas, que sabem aplicar a função de monitoramento de forma moderada. Mesmo assim, o monitoramento só funcionará se ocorrerem 3 condições simultaneamente:

— tempo suficiente: que a pessoa disponha de tempo suficiente para avaliar as alternativas com base nas regras incidentes;

— preocupação com a forma: que a pessoa concentre atenção não apenas no ato da comunicação, no conteúdo da mensagem, mas também e principalmente na forma. (Acuidade da língua);

— conhecimento da regra: que a pessoa tenha conhecimento da regra que se aplica ao caso".[1]

Para Krashen, o ensino da gramática só resulta em desenvolvimento da proficiência se os alunos tiverem interesse nesse assunto e se o professor usar apenas a língua estrangeira em classe.

Teorias da linguagem

São pelo menos três as diferentes teorias da linguagem que norteiam as abordagens contemporâneas do ensino de línguas: a estrutural, a funcional e a interacional.

---

1. Schütz, Ricardo. A evolução do aprendizado de línguas ao longo de um século. *English made in Brazil*. Disponível em: <http://www.sk.com.br/sk-apren.html>. Acesso em: 3/10/01.

A teoria estrutural vê a língua como um sistema de elementos estruturalmente relacionados que levam ao sentido. Portanto, a língua se aprende através da gramática, da fonologia e do léxico. Audiolingual, *Total Physical Response* e *Silent Way* são algumas das abordagens que se valem desta teoria da linguagem.

A teoria funcional entende a linguagem como um instrumento para a expressão de um sentido funcional. Organiza-se o conteúdo a ser aprendido por funções e não mais por elementos estruturais e gramaticais. Um exemplo de abordagem a se fundamentar nesta teoria é *English for Specific Purposes*, como inglês para secretárias, médicos ou executivos.

A teoria interacional percebe a língua como um meio para a realização de comunicações interpessoais e relacionamentos sociais. O conteúdo pode ser predeterminado ou deixado em aberto para ser determinado pelo interesse dos alunos.

Enquanto que algumas abordagens partem diretamente destas teorias da linguagem ou de suas variações, outras partem primariamente de teorias da aprendizagem de línguas.

O *Natural Approach* é um exemplo de abordagem que partiu de uma teoria da aprendizagem e não de uma teoria da linguagem.

"[...] O *Natural Approach* foi originariamente formulado por Terrell como um método de ensino do espanhol como língua estrangeira para estudantes universitários nos EUA. Generalizando suas idéias e motivando-os posteriormente com a Teoria da Monitoração, Krashen e Terrell (1983) defendem o fornecimento de *input* compreensível na forma do professor, extremamente sintonizado, e no discurso dos estudantes que surge naturalmente da comunicação, conseguida num clima de afetividade positiva na sala de aula, como o ingrediente essencial de qualquer programa de ensino de idiomas bem-sucedido. A graduação estrutural, um enfoque em forma, gramática e explicações de vocabulário, correção de erro, e outras atividades pedagógicas tradicionais no ensino de línguas são proibidos".[2]

---

2. Larsen-Freeman, Diane & Long, Michael H. *An introduction to second language acquisition research*. Longman, London and New York, 1994, p. 302.

Quando comecei o trabalho não tinha consciência de estar trabalhando com as teorias de Krashen e Terrell. Foi através dos comentários da professora de inglês que observou minhas aulas que tive consciência disto. Pensava estar apenas utilizando uma metodologia baseada na aquisição da língua materna, que também faz parte da teoria desenvolvida por Krashen.

"A aquisição é o caminho "natural", traçando um paralelo com o desenvolvimento da primeira língua em crianças. A aquisição diz respeito a um processo inconsciente que envolve o desenvolvimento naturalista da proficiência da língua através da compreensão da linguagem e de seu uso para uma comunicação significativa".[3]

No decorrer do trabalho um dos aspectos mais importantes foi o respeito ao tempo necessário de *input* para que o aluno pudesse finalmente começar a se expressar na língua inglesa. Este tempo era condizente com o tempo necessário para o trabalho em ateliê.

"No *Natural Approach* a exposição, ou *input*, é mais enfatizada que a prática; otimizando a preparação emocional para o aprendizado; um período prolongado de atenção durante o qual os estudantes de línguas ouvem antes de tentarem produzir o idioma; e uma disposição para usar materiais escritos e outros como fonte de *input* compreensível. A ênfase no papel central da compreensão no *Natural Approach* vincula-o a outras abordagens baseadas na compreensão no ensino de línguas".[4]

Quando experimentei trabalhar inglês e artes com pessoas da área de artes senti uma certa ansiedade por parte dos alunos em relação ao fato de não conseguirem ter um nível lingüístico suficientemente adequado para falar a respeito de arte. Já os alunos sem nenhum conhecimento artístico prévio não apresentavam esse tipo de ansiedade, eles não se cobravam saber arte e sim experimentavam e se arriscavam na língua inglesa. Ao mesmo tempo em que se envolviam com o que estávamos vendo em arte pareciam menos preocupados com o

---

3. Richards, Jack C. & Rodgers, Theodore S. *Approaches and methods in language teaching. A description and analysis*. Cambridge University Press, Cambridge, 1991, p. 131.

4. Richards, Jack C. & Rodgers, Theodore S. *Approaches and methods in language teaching. A description and analysis*. Cambridge University Press, 1991, p. 123.

inglês do que em entender o que lhes era pedido para fazer, o que me levou a pensar na questão da motivação, da ansiedade do ambiente de sala de aula e da auto-estima do aluno.

"Krashen vê o estado emocional e as atitudes do aluno como um filtro ajustável que deixa passar livremente, impede ou bloqueia o *input* necessário para a *acquisition*. Um baixo filtro afetivo é desejável [...].

1. Motivação: Aprendizes com alta motivação, de modo geral, aprendem mais.
2. Auto-estima: Aprendizes com auto-estima e confiantes em si mesmos tendem a ser mais bem-sucedidos.
3. Ansiedade: Ansiedade pessoal e da sala de aula baixas são mais produtivas em um ambiente para a aquisição de segunda língua".[5]

Mais uma vez me recordei do meu aprendizado, da minha experiência escolar: em 1977, eu estava com onze anos, nos mudamos para os Estados Unidos e, naquela época, por obrigatoriedade da lei, qualquer criança estrangeira tinha que inicialmente estudar em uma escola bilíngue. Como estávamos morando em Cambridge, Massachussets, onde existe uma forte colônia portuguesa, fui colocada em uma escola com salas especiais para estrangeiros de língua portuguesa. No entanto, eu já tinha conhecimento da língua inglesa por ter morado nos Estados Unidos em 1971/72 e minha mãe, depois de alguns meses de aulas, pediu à diretoria que me colocassem em uma sala de americanos. Não sei bem por que escolheram a aula de matemática, talvez por a considerarem uma linguagem universal. O fato de estar em uma sala de aula com nativos fez muita diferença para minha auto-estima, até porque passei a ser vista pelos colegas de forma diferente, mais equalitariamente. Não me sentia mais "um estranho no ninho", afinal português é minha língua materna mas não o português de Portugal, com tantas expressões e costumes diferentes — lembro-me de ter tido problemas, por exemplo, em pedir para ir ao banheiro, pois em Portugal se diz "casa de banho", o que para mim era novidade.

5. Idem, p. 133.

"Outra possível implementação sugerida por Krashen é para que estudantes universitários estrangeiros que tenham se sobressaído no ESL no 'nível básico' (sendo a principal proposta de instrução o fornecimento de *input* compreensível), recebam cursos em disciplinas específicas no 'nível intermediário' [...] mas tendo o trabalho opcional do ESL como suplemento, e que sejam incluídos em cursos de matérias regulares no 'nível avançado', sem nenhum acompanhamento do ESL neste nível".[6]

Lembrei-me também de que em 1996 participei de um curso no Centro Cultural Alumni em São Paulo, intitulado *Studio Program*, onde estudamos a respeito de curadoria e elaboração de textos críticos de arte. O curso foi ministrado em inglês, por especialistas para especialistas. Para ingressar no curso passamos por um exame de currículo e uma entrevista. Durante o curso, no entanto notei que tanto meus colegas quanto eu mesma tínhamos uma certa dificuldade de nos expressar a respeito de assuntos que, para o especialista em arte, são até corriqueiros, se tratados na língua materna. Ao final do curso, sentia-me mais apta a falar sobre arte na língua inglesa. Hoje em dia é mais comum ver as pessoas, profissionais liberais de modo geral, procurando cursos em sua área mas ministrados em inglês. Por um lado querem aproveitar o tempo e aprender duas coisas juntas. Por outro lado, procuram cursos de línguas que sejam mais envolventes e menos repetitivos. São oferecidos cursos de administração, economia, secretariado e em alguns casos cursos de história da arte na Itália (em italiano) ou até cursos de mergulho ou surfe na Austrália para os mais adeptos a esportes radicais. Será que Krashen já previa isso?

A Abordagem Triangular no contexto do ensino da arte

Ser contemporâneo de si mesmo é o mínimo
que se pode exigir de um Arte-Educador

Ana Mae Barbosa

As práticas educativas surgem de mobilizações sociais, pedagógicas, filosóficas e, no caso da arte, também artísticas e estéticas [...].

---

6. Larsen-Freeman, Diane & Long, Michael H. Op. cit., p. 303.

> No Brasil, por exemplo, foram importantes os movimentos culturais na correlação entre arte e educação desde o século XIX. Eventos culturais e artísticos, como a criação da Escola de Belas Artes no Rio de Janeiro, e a presença da Missão Francesa e de artistas europeus de renome, definiram nesse século a formação de profissionais de arte ao nível institucional. No século XX, a Semana de 22, a criação de universidades (anos 30), o surgimento das Bienais de São Paulo a partir de 1951, os movimentos universitários ligados à cultura popular (anos 50/60), da contracultura (anos 70), a constituição da pós-graduação em ensino de arte e a mobilização profissional (anos 80), entre outros, vêm acompanhando o ensino artístico [...]".[7]

D. João VI foi o criador de nossas primeiras escolas técnicas, com a intenção de incrementar as profissões técnicas e liberais no país, o desenho técnico (para arquitetura, engenharia, *design* de móveis) entre elas.

No entanto, a vinda da Missão Francesa e a criação da Escola de Belas Artes não contribuíram muito para a democratização da arte, pois no Brasil daquela época estudar arte era para os "poucos eleitos" que tinham vocação para artista.

Com o advento da industrialização o ensino de arte passou a ter uma importância técnica: era preciso ensinar a desenhar, desenho geométrico, e a copiar.

A partir de 1920 começou no Brasil um movimento de inclusão da arte na educação fundamental, para expressar ou fixar o que havia sido aprendido em outras disciplinas.

Em 1922, com o movimento de Arte Moderna, houve uma valorização da arte infantil. Mário de Andrade e Anita Malfatti foram os introdutores das idéias da livre expressão, que, originadas no expressionismo, tinham como finalidade levar a criança a se expressar. O pressuposto era de que a arte não deve ser ensinada, e sim fruto da expressão individual.

Em 1948, com o surgimento da Escolinha de Arte do Brasil, o objetivo maior da arte-educação passou a ser o desenvolvimento da capacidade criadora.

---

7. Ferraz, Maria Heloisa C. de T. & Fusari, Maria F. de Rezende. *Metodologia do ensino da arte*. São Paulo, Cortez, 1993, p. 27.

Nas décadas de 1960/1970 com a pedagogia tecnicista, os professores passaram a enfatizar nas aulas de arte a construção dos trabalhos práticos pela técnica e uso de materiais, bem como a expressão espontânea.

Resumindo: até a década de 1980 no Brasil o ensino de arte era ou tecnicista ou expressionista. Ou se exigia a cópia e o desenho geométrico ou se deixava a criança fazer o que quisesse com tintas e materiais diversos, que na sua maioria eram sucata, tais como tampinhas de garrafa, potinhos de danone ou yakult, lixo reciclável.

Eu sou de certa forma fruto deste ensino, lembro de ter cópias mimeografadas na escola para colorir, de ter desenho geométrico e de me deixarem fazer qualquer coisa na aula de arte e isso em qualquer uma das linguagens artísticas (visuais, música, teatro e dança).

Na década de 1980, no entanto, este quadro começou a mudar. Começou-se a pensar a aprendizagem de arte a partir da própria arte como um sistema de conhecimento do mundo. A professora e pesquisadora Ana Mae Barbosa sistematizou uma proposta, à qual deu o nome de Triangular. Triangular, segundo a própria autora, por derivar de uma dupla triangulação:

"A primeira é de ordem epistemológica [...]. A segunda triangulação está na gênese da própria sistematização, originada em uma tríplice influência, na deglutição de três abordagens epistemológicas: as *Escuelas al Aire Libre* mexicanas, o *Critical Studies* inglês e o Movimento de Apreciação Estética aliada ao *DBAE (Discipline Based Art Education)* americano".[8]

Comecemos pela segunda triangulação:

"As *Escuelas al Aire Libre* surgiram depois da Revolução Mexicana de 1910, pretendendo recuperar o orgulho nacional perdido com a imposição dos padrões europeus nas escolas mexicanas. Foi o único movimento modernista de ensino da Arte que assumiu explicitamente em seu programa a idéia de arte como expressão e cultura [...]".[9]

---

8. Barbosa, Ana Mae. *Tópicos utópicos*. Belo Horizonte, Editora C/Arte, 1998, pp. 33-34.

9. Rizzi, Maria Christina de Souza Lima. *Olho vivo: arte-educação na exposição labirinto da moda, uma aventura infantil*. Tese de doutorado. ECA/USP, 1999, pp. 31-33.

O movimento *Critical Studies* surgiu na década de 1970, na Inglaterra, como uma resposta à insatisfação causada pelo que o ensino modernista se transformara, Istoé uma mera catarse ou como dizia Peter Fuller, um mero exercício de liberação que levava a uma espécie de conservadorismo da vanguarda, sem desenvolvimento da capacidade crítica. Mais tarde Gombrich diria o mesmo, como podemos confirmar na entrevista por ele concedida à professora Ana Mae Barbosa e publicada no livro *Arte-educação: leitura no subsolo*. Gombrich fala da discriminação visual afirmando que ela se baseia na interação entre significado e expressão e que é através da nossa resposta ao significado que "obtemos a real consciência da *nuance, finesse*." O termo usado era apreciação, mas as práticas levavam a um mero "*enjoyment*, no lugar de uma apreciação como possibilidade de leitura, análise e reconhecimento de uma obra como inserida em um universo histórico, estético e mesmo técnico [...]. O *DBAE (Discipline Based Art Education)*, traduzido como Arte-Educação entendida como Disciplina, é uma abordagem de ensino sistematizada a partir de 1982 por uma equipe de pesquisadores patrocinada pelo Getty Center for Education in the Arts [...] que aponta para a necessidade da inclusão da produção de arte, crítica de arte, estética e história da arte na composição do currículo escolar [...]".[10]

Como qualquer pesquisa, e em especial no âmbito da educação, há uma demanda de tempo, tempo para ser compreendida, tempo para ser aceita. Em 1983 Ana Mae já falava de uma metodologia triangular quando do Festival de Campos do Jordão: "Apresentamos uma proposta articuladora de cursos teóricos e oficinas de produção e apreciação em torno da leitura da criança, do meio e da obra de arte".[11] No entanto, só veio a sistematizá-la entre os anos de 1987 e 1989 no Museu de Arte Contemporânea da Universidade de São Paulo, na sua gestão como diretora, e entre 1989 e 1992 esta metodologia foi experimentada nas escolas da rede pública municipal de ensino de São Paulo, na gestão de Paulo Freire.

Mesmo já tendo se referido à idéia da contextualização durante o Festival de Campos do Jordão, contextualização esta que já previa a idéia de associar o

---

10. Idem, ibidem.

11. Barbosa, Ana Mae. *Arte-educação: conflitos e acertos*. São Paulo, Max Limonad, 1984, p. 124.

fazer, o ver e o contextualizar, quando da sistematização que teve lugar no MAC, curiosamente este contexto cedeu lugar à história (fazer leitura da obra de arte e história da arte). Logo depois a autora retorna às origens mais amplas da proposta inicial de Campos do Jordão, substituindo em um dos vértices do triângulo a história da arte pela contextualização.

Falo deste percurso para compreensão e aceitação da Abordagem Triangular pois vivi muito de perto a implementação desta como metodologia, designação que posteriormente a própria autora reviu. Quando se começou a falar em trabalhar a arte na escola através das imagens de arte e dos conceitos e questões que a arte levanta houve muita resistência. No entanto, lembro-me de alguns professores que diziam "mas *isso* qualquer bom professor faz". E o que é *isso*:

"A Proposta Triangular do Ensino de Arte postula que a construção do conhecimento em arte acontece quando há a intersecção da experimentação, com a codificação e com a informação. Considera como sendo seu objeto de conhecimento, a pesquisa e a compreensão das questões que envolvem o modo de inter-relacionamento entre arte e público [...]. Esta abordagem propõe que a composição do programa de ensino de arte seja elaborada a partir das três ações básicas que executamos quando nos relacionamos com arte. São elas:

1. Fazer Arte
2. Ler Obras de Arte
3. Contextualizar".[12]

Elliott Eisner, em seu texto "Estrutura e mágica no *DBAE*" diz, em defesa do *DBAE*, "que há quatro coisas importantes que as pessoas podem fazer com a arte. Elas a produzem, elas a vêem, elas procuram entender seu lugar na cultura através do tempo e elas fazem julgamento acerca de sua qualidade, e talvez ele tenha se baseado entre outros autores em John Dewey. Em seu livro *Art as experience*, de 1958, Dewey já defendia a idéia de que todo aquele que quer ter uma experiência completa em relação à arte deve em primeiro lugar fazer arte e ao fazer arte deve ter em mente aquilo que já fez ou fará, sendo necessário, para isso, que tenha conhecimentos acerca da arte e de seu lugar no mundo.

---

12. Ibidem.

Ouso definir a Abordagem Triangular como sendo um processo coerente para com a aprendizagem em arte. Lembro-me de como aprendi arte e lembro-me de ter sido exposta à muita arte, de ver muitas obras, e de me ser dito não o valor financeiro destas obras mas seu valor para a humanidade. Lembro-me de ter conversado sobre arte com meus pais e professores. Lembro-me de tantos cursos, oficinas e *workshops* que freqüentei, de experimentar materiais e técnicas diversas e de relacionar estas técnicas com os artistas e obras que eu havia visto e, acima de tudo, com a minha vida e minhas experiências. Como me formei em pleno modernismo educacional, não creio que nada disso tenha sido consciente mas aconteceu e quando converso com amigos artistas ou arte-educadores noto que para eles também foi assim.

O cruzamento das abordagens

Como já falei anteriormente, sempre digo aos meus alunos/professores que eles precisam ter presentes os princípios básicos de seu trabalho quando entram em suas salas de aula.

Inclusive, este é um exercício que faço com eles no início e no fim do curso de Aperfeiçoamento da Arte e Cultura Contemporânea, no NACE-NUPAE na ECA/USP onde sou professora convidada. Peço a eles que escrevam suas idéias a respeito de educação e arte-educação e que pesquisem de onde vêm estas idéias, se existem teorias por trás e quais são elas.

Em vários momentos de minha pesquisa me indaguei exatamente sobre isso.

No que acredito? Como entendo a aprendizagem de uma língua estrangeira? E a aprendizagem de arte?

Para mim, o que conecta as duas aprendizagens é o fato de estarem dentro de uma cultura. Aprender uma língua, seja ela qual for, sem nenhuma compreensão do contexto cultural desta língua é aprendê-la de forma mecânica. Pelas experiências que tive com o ensino de línguas desde 1984, sei que o aluno que decora esquece fácil, mas aquele que compreende, insere o que aprendeu na sua vida, jamais esquecerá, mesmo que seja o *present perfect*. Em arte acontece a mesma coisa. De nada adiantaria saber a composição exata da tinta ou os nomes de todos os suprematistas russos sem relacionar a tinta e esse movimento artístico ao meu fazer, ao meu olhar e, através disto, modificar minha visão de mundo.

O inglês, hoje, é a língua mais utilizada no mundo inteiro, por quê? Será que não interessa saber que ela é a mais falada como era o latim? Que ela pertence a uma cultura que tem festas como *Halloween* e *Thanksgiving*? Que as pessoas desta cultura usam o *excuse me* para tudo, mesmo sem estar pedindo licença? que *please* é quase uma pontuação?

A arte existe desde os homens da caverna, por quê? A expressão artística de um povo diz muito sobre ele, por que será que tivemos o tropicalismo nos anos 70 e hoje temos axé e pagode?

Enfim, todas estas questões me levam a pensar na razão pela qual ensino arte e inglês. Não foram apenas as circunstâncias e o barco da vida que me levaram a isto. Foi minha formação, tanto em casa quanto na escola e foram os textos que li, as teorias que adotei, principalmente a teoria de que a cultura de meu país é minha também e que para que eu possa entender o outro eu preciso entender sua cultura e não só sua língua. Quando nos comunicamos utilizamos muito mais do que a linguagem verbal e escrita. Nós utilizamos tudo aquilo que somos. Eu optei pelo intercruzamento do conhecimento.

Hoje, mais do que nunca, entender a língua do outro, entender o outro tornou-se crucial. Durante a década de 1980 e 1990 tratávamos do fim da guerra fria, da indústria cultural, do mundo Mc (McDonald's, Macintosh e MTV — comida rápida, computadores rápidos e música rápida), da pluri e multiculturalidade.

> Desde a metade dos anos 60 novas publicações críticas têm reformulado a paisagem cultural do ocidente. Isto é melhor explicado como uma mudança de consciência do ponto de vista do mundo moderno baseada na noção de progresso através do avanço da ciência, para um estado de consciência chamado de pós-moderno onde há menos confiança de que o futuro será necessariamente melhor que o presente ou o passado. O modernista podia rejeitar as tradições do passado como sendo fora de moda, pertencentes à história, velharias que deveriam ser esquecidas, preferindo manter o foco no futuro, com novas formas de arte e novos meios de construir a realidade. O modernista era um otimista.

O pós-modernista, em contraste, é menos confiante sobre o futuro e tende a ser crítico de noções como a de que o progresso é a inevitável conseqüência do avanço da ciência. A ciência moderna explica o arco-íris mas não o enreda no processo. O mito do progresso permitiu às pessoas aceitar mudanças, sempre se nesse ínterim pudessem às vezes negociá-lo por fora. As pessoas ganharam um alto padrão de vida e bem-estar material, mas perderam sua fé nas tradições que haviam nutrido seu espírito. Os artistas modernos inicialmente começaram a expressar esta inquietação há mais de 100 anos atrás, em imagens que veiculavam alienação, terror, ódio, e às vezes fome espiritual.

Para muitos, os artistas modernos do século vinte no ocidente estavam engajados em experimentalismos estilísticos no esforço de criar uma nova visão humana. Artistas como Picasso e Braque inventaram abstrações para penetrar além da superfície da pintura. Mondrian e Kandinsky transcenderam a abstração para trabalhar com forma e cor puras esperando penetrar numa realidade mais alta que eles sentiam além das aparências superficiais. Kandinsky equacionou esta pesquisa com um interesse pelo espiritual. Outros artistas procuraram encontrar a nova visão nos profundos recessos da mente subconsciente, como vemos em estilos conhecidos como Surrealismo e Expressionismo.

O ápice de todo esse experimentalismo, como vimos em retrospecto, é que o modernismo não teve sucesso em construir uma visão da realidade que consiga ter significado para um grande número de pessoas em sociedades que tenham sofrido rápida industrialização. Talvez o reconhecimento deste fato tenha introduzido o pós-modernismo.

Por que a transição do modernismo para o pós-modernismo é um provável desafio para professores de arte em suas salas de aula e afeta também a arte-educação internacionalmente? Para responder, esboço uma série de contrastes entre a arte moderna e a pós-moderna, como veremos na tabela a seguir.[13]

13. Efland, Arthur. Arte e cognição: teoria da aprendizagem para uma época pós-moderna. In *A compreensão do prazer da arte. 2º Encontro*. São Paulo, SESC, 1998.

Tópico	**Modernismo**	**Pós-modernismo**
Natureza da Arte	Arte é um objeto esteticamente único que deve ser estudado isoladamente de seu contexto específico.	Arte é uma forma de produção cultural que deve ser estudada situada em seu contexto cultural.
Visão de Progresso	Como todos os empreendimentos humanos a arte faz progresso. Progresso é uma grande narrativa se desdobrando no tempo. O estudo deveria se organizar em torno desta narrativa.	Não há progresso, apenas trocas, com avanços em uma área a custo de outras áreas. O estudo deveria se organizar em torno de múltiplas narrativas.
Vanguarda	O progresso é possível graças à atividade de uma elite cultural. A educação deveria possibilitar às pessoas apreciarem suas contribuições à sociedade.	A autoridade autoproclamada das elites está aberta a questionamento. O estudo deveria dar destaque à crítica dando possibilidade aos alunos para levantar questões pertinentes.
Tendências Estilísticas	Estilos abstratos e não-representacionais são preferidos em relação aos estilos realistas. Os estudantes devem ser encorajados a experimentar com estilos abstratos e conceituais.	O realismo é aceito mais uma vez. Estilos ecléticos são evidentes. Os estudantes têm a permissão de escolher entre os vários estilos e usá-los isoladamente ou em conjunto.
Universalismo *versus* Pluralismo	Toda variação estética pode ser reduzida ao mesmo conjunto universal de elementos e princípios, e estes devem ser centrais ao ensino da arte.	O pluralismo estilístico deve ser estudado para possibilitar que os alunos reconheçam e interpretem diferentes representações da realidade.

Hoje, após 11 de setembro de 2001, o que será que isso significa?

Contexto cultural, multiplicidade, crítica, escolhas e interpretações.

Hoje, a educação deve ser voltada para a construção de uma identidade, uma identidade que deixou de ser monocultural há muito tempo mas que ainda persiste em ser quase tribal.

> Fanáticos iranianos mantêm um ouvido ligado nos "mullahs" instigando à guerra santa e o outro ouvido ligado no brilho da televisão de Rupert Murdoch em "Dinastia" e "Os Simpsons". Empresários chineses disputam a atenção tanto das estruturas de festas em Beijing quanto perseguem franquias do KFC em cidades como Nanjing, Hangzhou e Xian, onde vinte e oito *outlets* servem 100.000 fregueses todo dia [...]. Assassinos sérvios usam tênis Adidas e ouvem Madonna nos *headphones* de seus *walkmans* enquanto miram suas armas em cidadãos de Sarajevo que procuram água para encher o tanque da família, e os põem em fuga. *Hasids* ortodoxos e neo-nazistas, ambos se viraram para o rock para poder transmitir suas tradicionais mensagens a uma nova geração, enquanto os fundamentalistas tramam conspirações virtuais na Internet.[14]

Mas qual a relação com aulas de inglês e de arte, poderiam me perguntar. Tudo, eu diria.

John Dewey, em 1897, escreveu um ensaio, "Meu credo pedagógico", no qual ele observou que "a linguagem/língua é quase sempre tratada nos livros de pedagogia simplesmente como a expressão do pensamento. É verdade que a linguagem/língua é um instrumento lógico, mas ela é fundamentalmente e primariamente um instrumento social".[15]

O acesso hoje à informação, o bombardeio a que somos submetidos pelo *marketing* da indústria cultural não deixam dúvidas do quanto é necessário edificar uma educação voltada para a construção de uma identidade pessoal muito esclarecida. O contato com o outro, com a cultura do outo, com a língua e a linguagem do outro nos transforma. Esse contato nos modifica socialmente, ou seja, modifica nosso papel dentro do nosso meio social e cultural. Se, como educadores, tornarmos nossos jovens cientes dos efeitos deste mercado cultural, estaremos dando a eles a chance de resistir, quando necessário for, aos abusos contra sua identidade cultural e individualidade. Isso só pode acontecer com uma educação voltada para os estudos multiculturais, para a construção do

---

14. Barber, B. Jihad. *McWorld*. New York Times Books, 1995, p. 5.

15. Dewey, John. *Mi credo pedagogico*. Buenos Aires: Losada, 1944, p. 53. A palavra *language* pode ser traduzida para o português como língua, linguagem, idioma ou até estilo. Optei aqui em colocar linguagem/língua para deixar mais claro o pensamento de Dewey.

conhecimento, para a contextualização do aluno, para a cultura como a soma total de um modo de vida e que leva em consideração a biologia, a história, as tradições, enfim a soma de tudo aquilo que somos nós, seres humanos.

Também estaremos dando a eles a chance de aproveitar o que de melhor há neste nosso novo mundo "internetado", o acesso a todos os museus e a grandes mestres da literatura e da música, a possibilidade de conhecer um mundo inteiramente diferente do seu, à distância de um clique do *mouse*. Mas com espírito crítico, "sabendo separar o joio do trigo".

A Abordagem Triangular e o *Natural Approach* me permitem trabalhar com vistas a construção de um conhecimento sólido e crítico por parte de meus alunos. Permitem que eu inter-relacione culturas através da arte e da língua, através da linguagem verbal e visual. Permitem o intercruzamento do conhecimento. Intercruzamento do qual eu sou fruto como pessoa e como educadora, já que até hoje busco minha identidade cultural entre o fato de ter nascido no Nordeste, sido criada em São Paulo e nos Estados Unidos e ser artista, arte-educadora e professora de inglês. E é neste intercruzamento de conhecimento, nas inter-relações, que se dá minha individualidade.

O ensino atual pede inter-relações de disciplinas, de culturas, de pessoas. O mundo atual também.

3

O Diário

Introdução ao diário

Aula de inglês

Conto de Rubem Braga, maio de 1945

— *Is this an elephant?*

Minha tendência imediata foi responder que não; mas a gente não deve se deixar levar pelo primeiro impulso. Um rápido olhar que lancei à professora bastou para ver que ela falava com seriedade, e tinha o ar de quem propõe um grave problema. Em vista disso, examinei com a maior atenção o objeto que ela me apresentava.

Não tinha nenhuma tromba visível, de onde uma pessoa leviana poderia concluir às pressas que não se tratava de um elefante. Mas se tirarmos a tromba a um elefante, nem por isso deixa ele de ser um elefante; e mesmo que morra em conseqüência da brutal operação, continua a ser um elefante; continua, pois um elefante morto é, em princípio, tão elefante como qualquer outro. Refletindo nisso, lembrei-me de averiguar se aquilo tinha quatro patas, quatro grossas patas, como costumam ter os elefantes. Não tinha. Tampouco consegui descobrir o pequeno rabo que caracteriza o grande animal e que, às vezes, como já notei em um circo, ele costuma abanar com uma graça infantil.

Terminadas as minhas observações, voltei-me para a professora e disse convictamente:

— *No, it's not.*

Ela soltou um pequeno suspiro, satisfeita: a demora de minha resposta a havia deixado apreensiva. Imediatamente me perguntou:

— *Is it a book?*

Sorri da pergunta: tenho vivido uma parte de minha vida no meio de livros, conheço livros, lido com livros, sou capaz de distinguir um livro à primeira vista no meio de quaisquer outros objetos, sejam eles garrafas, tijolos ou cerejas maduras — sejam quais forem. Aquilo não era um livro, e mesmo supondo que houvesse livros encadernados em louça, aquilo não seria um deles: não parecia de modo algum um livro. Minha resposta demorou no máximo dois segundos.

— *No, it's not.*

Tive o prazer de vê-la novamente satisfeita — mas só por alguns segundos. Aquela mulher era um desses espíritos insaciáveis que estão sempre a se propor questões, e se debruçam com uma curiosidade aflita sobre a natureza das coisas.

— *Is it a handkerchief?*

Fiquei muito perturbado com essa pergunta. Para dizer a verdade, não sabia o que poderia ser *handkerchief*: talvez fosse hipoteca [...]. Não, hipoteca não. Por que haveria de ser hipoteca? *Handkerchief*? Era uma palavra sem a menor sombra de dúvida antipática; talvez fosse chefe de serviço ou relógio de pulso ou ainda, e muito provavelmente, enxaqueca. Fosse como fosse, respondi impávido:

— *No, it's not.*

Minhas palavras soaram alto, com certa violência, pois me repugnava admitir que aquilo ou qualquer outra coisa nos meus arredores pudesse ser um *handkerchief*.

Ela então voltou a fazer a pergunta. Desta vez, porém, a pergunta foi precedida de um certo olhar em que havia uma luz de malícia, uma espécie de insinuação, um longínquo toque de desafio. Sua voz era mais lenta que das outras vezes; não sou completamente ignorante em psicologia feminina, e antes dela abrir a boca eu já tinha a certeza de que se tratava de uma pergunta definitiva.

— *Is it an ash-tray?*

Uma grande alegria me inundou a alma. Em primeiro lugar porque eu sei o que é um *ash-tray:* um *ash-tray* é um cinzeiro. Em segundo lugar porque, fitando o objeto que ela me apresentava, notei uma extraordinária semelhança entre ele e um *ash-tray*. Sim. Era um objeto de louça de forma oval, com cerca de 13 centímetros de comprimento.

As bordas eram da altura aproximada de um centímetro, e nelas havia reentrâncias curvas — duas ou três — na parte superior. Na depressão central, uma espécie de bacia delimitada por essas bordas, havia um pequeno pedaço de cigarro fumado (uma bagana) e, aqui e ali, cinzas esparsas, além de um palito de fósforos já riscado. Respondi:

— *Yes!*

O que sucedeu então foi indescritível. A boa senhora teve o rosto completamente iluminado por uma onda de alegria; os olhos brilhavam — vitória! vitória! — e um largo sorriso desabrochou rapidamente nos lábios havia pouco franzidos pela meditação triste e inquieta. Ergueu-se um pouco e não se pôde impedir de estender o braço e me bater no ombro, ao mesmo tempo que exclamava, muito excitada:

— *Very well! Very well!*

Sou um homem de natural tímido, e ainda mais no lidar com mulheres. A efusão com que ela festejava minha vitória me perturbou; tive um susto, senti vergonha e muito orgulho.

Retirei-me imensamente satisfeito daquela primeira aula; andei na rua com passo firme e ao ver, na vitrine de uma loja, alguns belos cachimbos ingleses, tive mesmo a tentação de comprar um. Certamente teria entabulado uma longa conversação com o embaixador britânico, se o encontrasse naquele momento. Eu tiraria o cachimbo da boca e lhe diria:

— *It's not an ashtray.*

E ele na certa ficaria muito satisfeito por ver que eu sabia falar inglês, pois deve ser sempre agradável a um embaixador ver que sua língua natal começa a ser versada pelas pessoas de boa fé do país junto a cujo governo é acreditado.

Rubem Braga
Aula de Inglês
Maio de 1945

Este texto de Rubem Braga me acompanha já há alguns anos. Quando lecionava no Colégio Equipe em 1986 já o utilizava com meus alunos. No início acreditava que ele falava daquela aula que eu não queria dar, a aula em que o professor de inglês apenas faz perguntas esperando respostas do tipo sim ou não, a aula em que o vocabulário não é trabalhado, apenas apresentado sem contextualização. No entanto, com o passar do tempo e a experiência comecei a perceber que o autor também falava da necessidade de relacionar a palavra com o objeto, com uma representação visual. Cada uma das palavras ditas pela professora é pensada em relação ao objeto na frente do aluno, ele descreve o que vê e se questiona sobre o que vê.

Acho interessante a reação do aluno a palavra *handkerchief*. Se este texto tivesse sido escrito nos anos 2000 esta mesma palavra causaria estranhamento, até porque são raras as pessoas que hoje usam um *handkerchief*, já que preferimos o lenço de papel descartável. As crianças hoje nem sabem o que é *handkerchief*. Há anos não vejo esta palavra nos livros didáticos, assim como não se vê mais a imagem de uma máquina de escrever. Será que ainda usamos lenços de pano no Brasil?

Outra parte do texto que me faz pensar é que quando o aluno sai da aula, ele relaciona o cachimbo com a língua inglesa. O cachimbo se encontra inserido em um contexto cultural, contexto que se dá com a apreensão da língua. Quando pensamos em uma língua, pensamos no país que fala esta língua e com isso vem à tona todos os conceitos preestabelecidos, pela nossa própria cultura, do que seria este país. A língua é vista aqui como expressão de uma cultura e mesmo que esta questão não tenha sido levantada pela professora, ela é pensada pelo aluno.

Quando penso na minha experiência como professora e nesta experiência que vou relatar especificamente neste trabalho, não posso deixar de pensar neste texto e minha interpretação muda a cada etapa de minhas experiências didáticas.

Quando comecei a lecionar inglês ainda estava na Faculdade de Artes Plásticas, e as duas coisas pareciam muito distantes uma da outra. Dar aulas para executivos em cursos muito tecnicistas não parecia se relacionar com os estudos práticos e teóricos que tínhamos sobre arte. No entanto, quando comecei a trabalhar com escolas de Ensino Fundamental e Médio, notei que os alunos relacionavam as diferentes disciplinas. Nos anos 80 no Colégio Equipe, por questões práticas, as disciplinas artes e inglês tiveram suas turmas reduzidas e dividiam horários. As duas professoras dividiam as turmas de acordo com o nível de inglês e de artes. Com a experiência de ser professora das duas disciplinas na Escola O Poço do Visconde, fui levada a refletir a cerca de como eu organizava o conhecimento que apresentava aos meus alunos. Pude observar que esta organização se dava de forma semelhante nas duas disciplinas. Comecei pensando em termos de sintaxe e morfologia que assim como a língua, a linguagem visual também possui. Ao pensarmos em uma composição visual precisamos pensar em como organizá-la, que elementos colocar (linhas, formas, cores), assim como para nos comunicar verbalmente precisamos pensar em que palavras vamos usar (verbos, substantivos, preposições). É necessária uma organização destes elementos visuais, assim como das palavras, para se chegar a uma composição, seja ela verbal ou visual.

Quando comecei a lecionar no meu ateliê, tive um maior espaço para experimentação. Escolhi relatar mais detalhadamente, neste trabalho, a experiência com as alunas E. e M. mas para chegar a esta experiência muitas outras aconteceram. Lembro-me de ter dado aulas a um rapaz, empresário de 20 e poucos anos que gostou da idéia de fazer desenhos e conversar nas aulas de inglês, de um amigo artista plástico de viagem marcada para expor nos EUA e que precisava retomar seu inglês escolar, de uma colega professora de inglês que queria ter com quem conversar em inglês e que se interessava pelo assunto arte, de alunos que aqui ou ali eu introduzia ao mundo das artes através de discussões a respeito de obras de arte ou de exposições em cartaz, nada sistematizado, pelo mero prazer de falar sobre arte e por acreditar que isto poderia fazer diferença.

Lembro-me também de experiências que não deram certo, uma aluna, produtora cultural, que se irritou muito pois não conseguia ser tão eloqüente ao falar de arte em inglês quanto em português, e de um aluno que me disse que arte era velharia.

De uns anos para cá venho percebendo que minha clientela se tornou a de artistas, estudantes de arte e arte-educadores. Entre meus alunos particulares apenas uma pessoa é de outra área e mesmo assim se interessa por arte. Isso facilitou bastante meu trabalho, não tenho mais que convencer os alunos a estudar arte, mas, por outro lado, meus alunos se cobram muito uma fluência igual à que têm em português para falar de arte.

Em março de 1996, E., então com treze anos, começou a ter aulas particulares de inglês comigo. Ela nunca havia tido aulas de inglês fora da escola, o Colégio Baptista Brasileiro em São Paulo. Começamos a usar um livro didático de acordo com sua faixa etária chamado *WOW* e tivemos aulas de uma hora cada, duas vezes por semana, até junho. Como as aulas eram no ateliê, em maio ela pediu para ter aulas de arte. Passamos a ter duas aulas por semana, de uma hora cada, de inglês, e duas aulas por semana, de uma hora cada, de arte também. Estávamos nos encontrando quatro vezes por semana, as aulas de inglês eram arrastadas, ela não tinha prazer naquilo e parecia estar tendo dificuldades para aprender; por outro lado, as aulas de arte eram sempre muito divertidas e ela cada vez se interessava mais. Em setembro começaram as repetidas faltas devido ao excesso de encontros. Resolvi então propor a ela que tivéssemos as aulas de arte e de inglês juntas. A princípio E. não gostou muito da idéia, mas em seguida percebeu que seria mais prático, já que ela só teria que vir ao ateliê duas vezes por semana e manteríamos a mesma carga horária. A seu ver o único problema era que, como ela mesma disse: "Eu não gosto de inglês e adoro artes, se a gente juntar as duas eu até posso passar a gostar de inglês mas também pode acontecer de eu passar a detestar artes, mas tudo bem eu topo". Ela tinha razão, era um risco que se corria, mas eu apostava que ela ia acabar gostando de inglês. Começamos o projeto Inglês com Arte, portanto, em novembro de 1996. Na mesma época resolvi me inscrever para fazer pós-graduação na ECA/USP em arte-educação e com esse projeto de pesquisa: Inglês com Arte. Fui aceita e em 1997 comecei os cursos.

Durante os anos de 1997, 1998 e 1999, gravei quase todas as aulas de E. e guardei quase todos os seus trabalhos. No ano de 1997 o foco do curso era a leitura da obra de arte. Senti necessidade de iniciar com a leitura, pois a aluna precisava de uma alfabetização visual, ela tinha tido pouco contato com as artes visuais e se sentia pouco à vontade ao fazer arte mas não ao falar sobre arte. No final de 1997 percebi que E. precisava de uma outra pessoa com quem pudesse falar inglês, ou seja, precisava de um colega de classe, ela estava acostumada a falar comigo, sabia que eu iria ajudar e acabava falando muito português em aula. Coincidentemente eu tinha uma aluna que estava mais ou menos no mesmo nível de inglês que E. e que precisava de uma colega para dividir o pagamento do curso, M., então com 16 anos. M. já havia aprendido inglês fora da escola e como sua mãe costumava hospedar amigos americanos, ela tinha um contato mais direto com a língua. Como eu disse antes, elas tinham um nível parecido mas as diferenças eram grandes. E elas já se conheciam pois eu já havia juntado vários alunos em uma visita à XXIII Bienal de São Paulo no ano anterior.

Quando começou o ano de 1998, apesar da resistência de ambas em ter uma colega de classe, ficaram juntas. No início foi difícil vencer a resistência, mas com o tempo elas foram cedendo cada uma um pouco, elas não são amigas mas funcionam bem como colegas de classe. O eixo do trabalho durante o ano de 1998 foi a produção artística, mas continuamos com as leituras, trabalhamos com gravura e visitamos várias exposições durante o ano, inclusive a XXIV Bienal de São Paulo. Tivemos algumas visitas durante o ano como a de uma adolescente americana que estava passeando no Brasil e uma colega professora que veio observar algumas aulas.

O ano de 1999 começou com o FCE (Cambridge First Certificate Exam), onde ambas puderam ver, através de métodos tradicionais de teste de aquisição de idioma, seu desenvolvimento na língua e suas dificuldades. Ambas tiveram uma nota C, especialmente por causa do teste de use of English mas tanto no *reading* quanto no de *listening* ficaram perto da pontuação máxima. O foco do ano de 1999 foi teste de história da arte, na leitura para aquisição de vocabulário e na escrita para desenvolver mais a acuidade do que a comunicação e a expressão na língua. Saber se expressar da melhor maneira possível tanto na língua inglesa quanto sobre arte, saber os porquês e os comos das questões que a arte contemporânea nos coloca, assim como os porquês e os comos da língua.

Relatos com fotos e transcrições de fitas de aulas

Optei por utilizar o formato diário de classe, aquele em que o professor por vezes apenas pontua o que fez na aula e por vezes descreve mais cuidadosamente o trabalho. Algumas aulas são "recheadas" com fotos e/ou transcrições. Ao final do diário propriamente dito encontram-se as reflexões e análises acerca da experiência.

1996

Começamos a ter aulas de inglês e artes em novembro, até então as aulas eram separadas, inglês em um dia e artes em outro.

Em termos de artes começamos com a linha, sua diversidade, formas geométricas e orgânicas e o desenho de observação e de memória aliado a um aprendizado de materiais como o pastel seco e o oleoso.

No dia 1º de novembro fomos à XXIII Bienal de São Paulo, juntamente com H. e M., duas outras alunas minhas de inglês/artes.

Infelizmente não tenho fitas gravadas das aulas deste ano, mas tenho fotos de trabalhos realizados em aula.

24 de maio de 1996

Desenho de observação (foto 1).

Foto 1

31 de maio de 1996

Colagem (foto 2).

Foto 2

14 de junho de 1996

Formas geométricas (foto 3).

Foto 3

05 de agosto de 1996

Desenho livre (foto 4).

Foto 4

09 de agosto de 1996

Desenho de observação e experimentação com tinta (foto 5).

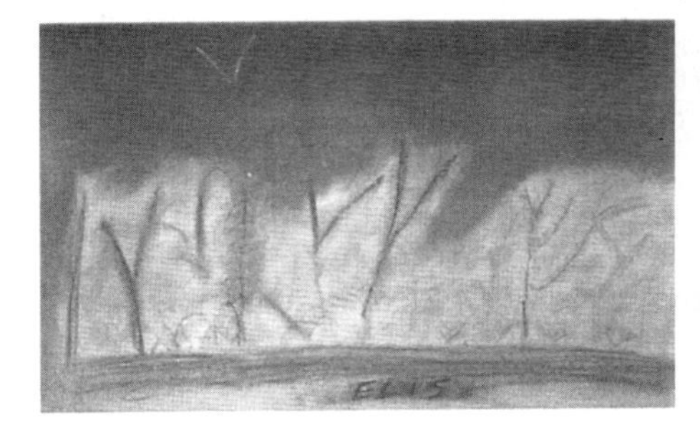

Foto 5

23 de agosto de 1996

Desenho de observação com pastel seco (foto 6).

Foto 6

05 de setembro de 1996

Conversamos sobre a questão da originalidade na arte e fizemos alguns desenhos.

09 de setembro de 1996

Exercícios de pintura.

16 de setembro de 1996

Linhas e como elas se comportam no desenho, na pintura, no espaço.

23 de setembro de 1996

Desenho de contorno, de preenchimento.

30 de setembro de 1996

E. me pediu para ajudá-la a realizar um desenho para sua aula de português.

07 de outubro de 1996

Desenhos de observação com marcação de tempo, de 10 minutos a 15 segundos (foto 7).

Foto 7

14 de outubro de 1996

Brincamos com o Art Lotto inteiramente em inglês.

16 de outubro de 1996

Desenhos com cor.

1º de novembro de 1996

Começamos a ter aulas de inglês e artes conjuntamente.

Visita à XXIII Bienal.

A visita à Bienal partiu do interesse da aluna em visitar a exposição, e a visita foi feita com duas outras alunas, H. e M.

06 de novembro de 1996

Releitura da Bienal.

A proposta foi para que E. escolhesse dois artistas que chamaram muito a atenção dela na Bienal e produzisse algo *misturando* os dois. Os artistas escolhidos foram Soto e Warhol (foto 8).

Foto 8

11 de novembro de 1996

Outro artista que havia chamado sua atenção na visita à Bienal foi Basquiat, portanto, aluguei o recém-lançado filme em vídeo para assistirmos, sem legenda.

13 de novembro de 1996

Nós lemos o livro *Getting to know the world's greatest artists: Paul Klee* ilustrado e escrito por Mike Venezia, da Children's Press de Chicago. Foi uma leitura prazerosa e depois E. produziu um trabalho onde *misturou* Basquiat e Klee (foto 9).

Foto 9

22 de novembro de 1996

Visita à Bienal novamente. E. pediu para ir de novo para ver o que não havia dado tempo de ver da primeira vez e rever o que havia gostado.

25 de novembro de 1996

Trabalhamos com o CD-Rom do *Starry Night* de Van Gogh. Ouvimos comentários sobre o artista e vimos obras dele no CD e em livros.

02 de dezembro de 1996

Assistimos ao filme sobre Van Gogh do Metropolitan Museum of Art de Nova York.

09 de dezembro de 1996

Produção a partir de *anticoloring books* "antidesenho para colorir: releitura de uma obra e releitura de cores" (foto 10).

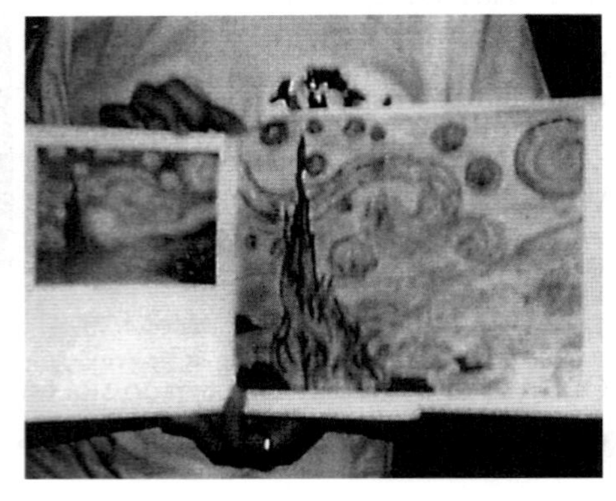

Foto 10

1997

Começamos 1997 com maior clareza de propósitos e objetivos. Eu tinha uma aluna que estava aprendendo artes e inglês e, portanto, eu precisava pensar em maneiras de alfabetizá-la visualmente e ao mesmo tempo desenvolver suas habilidades em uma língua estrangeira.

Optei pela leitura da obra de arte, por propiciar o contato de minha aluna com a arte e por fazê-la falar a respeito do que via.

18 de fevereiro de 1997

E. fez uma viagem à Grécia nas férias e voltou bastante entusiasmada com o que havia visto por lá. Nesta aula dei um teste de colocação para saber melhor como estava seu inglês, o Oxford Placement Test, sua nota foi 138, o que indica um nível de *lower intermediate*.

20 de fevereiro de 1997

Na aula de hoje, devido ao grande entusiasmo de E. pela cultura grega, lemos "Atalanta's Race" e outras histórias da mitologia. Discutimos arte grega e vimos alguns livros com reproduções.

25 de fevereiro de 1997

E. havia deixado uma foto do Parthenon que ela havia tirado nas férias. Fiz cópias xerográficas, em tamanho A3 preto e branco, para que pudéssemos trabalhar em cima das fotos. A proposta foi de que ela fizesse um trabalho ao estilo impressionista, um ao estilo expressionista e um ao estilo pop, movimentos sobre os quais havíamos conversado um pouco no ano anterior.

Foto 11

O primeiro expressionista (foto 11).

27 de fevereiro de 1997

O segundo impressionista (foto 12).

Foto 12

06 de março de 1997

O terceiro pop (foto 13).

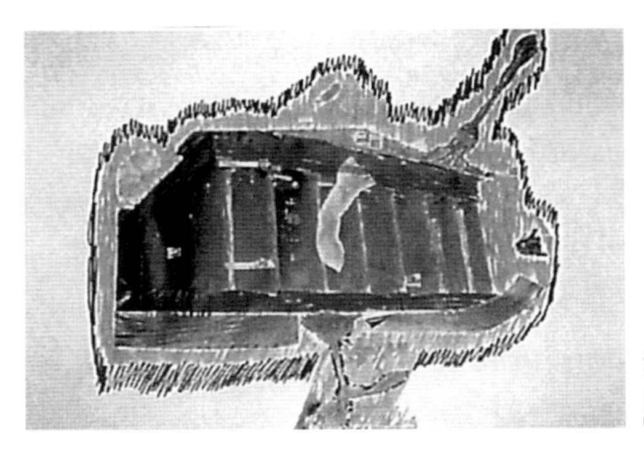

Foto 13

18 de março de 1997

Wrap up. Discutimos e lemos os trabalhos realizados sob óticas de estilos diferentes.

17 de abril de 1997

Whatever you want to do day. Uma vez por bimestre, mais ou menos, a aluna tem uma aula em que ela pode escolher o que quer fazer: qual material quer usar, sobre o que quer falar. A aula é dela e ela é quem escolhe. Nesta aula E. escolheu trabalhar com tinta óleo sobre tela e conversar sobre seu programa favorito de TV, o *Arquivo X* (foto 14).

Foto 14

24 de abril de 1997

Hoje E. trouxe uma amiga de escola, S., para participar da aula conosco. Resolvi trabalhar com uma técnica de pintura feita com linhas (*yarn painting*). É um trabalho demorado e que exige paciência, mas bom para desenvolver concentração. E. levou 6 aulas para terminar este trabalho mas seu inglês ganhou muito neste tempo (foto 15).

Foto 15

27 de maio de 1997

Hoje fizemos uma avaliação do trabalho desenvolvido no semestre e fizemos alguns desenhos de observação no quintal. O dia estava bonito e quente para ficar dentro do ateliê.

25 de agosto de 1997

Assistimos ao filme *Arquivo X*, sem legendas.

28 de agosto de 1997

Fizemos um exercício de leitura. A aluna tinha à frente dela vários cartões postais com reproduções de obras de arte de diversas épocas e deveria escolher e separar as que gostava das que não gostava explicando o motivo, depois ela escolheu uma reprodução para conversarmos mais a respeito. A reprodução escolhida foi uma obra de Edward Hopper (foto 16) e conversamos muito a respeito da atmosfera indicada pela obra, se isso era uma constante nas obras deste artista e se podíamos identificar esta mesma atmosfera na obra de outros artistas.

Foto 16

T: O. K., so this comes from the Metropolitan Museum. What do we have here? We have... what is this?

E: A city.

T: Where is it, New York?

E: Não sei. (Lendo no cartão a referência) The window of two hundred, two hundred? Nine, one.

T: 291 was a gallery, that this photographer, Alfred Stiegletz, had in New York. And those hands belong to his wife, she was an artist. She was Georgia O'Keefe. Do you know? Georgia O'Keefe?

E. No, and this?

T: That's Durer.

E: Ah?

T: Durer.

E: It looks like a cat de desenho.

T: Cartoons?

Do you like it? O. K., let's... we're gonna do it like this: whatever you like, you put in this... here. Whatever doesn't call much attention, here, and if you like it a lot you put it here, O. K.?

E: Hum hum. Let me see.

Olhando os cartões. Muitos nomes de artistas e comentários a respeito de cada obra, expressões como "nice", "cute", "legal", "olhe esse aqui". A aluna ainda fala muito em português, conta histórias intercalando inglês e português.

E: In the art class. Sabrina ah jogou...

T: Threw...

E: Ink in the tela.

T: Canvas.

E: E disse tá pronto.

T: Did she like it? Did the teacher like it?

E: No.

T: She didn't like it!

E: No!

T: What a pity!

De volta aos cartões.

E: Nossa! É uma foto?

T: No it's a sculpture.

E: Cê tá brincando, não é uma foto?

T: No. You like it?

E: It's not like.

T: Explain that to me.

E: Umas coisas agradam, outras impressionam. É diferente uma da outra.

T: Can you explain... Come on.

E: Some are cute, others are terrible, but mexe com a gente, come é?

T: Touchs you.

E: Yeah.

T: In a way like what, like uh... they make you feel good or they make you...

E: Hum, hum.

T: surprise or...

E: Não consigo classificar assim.

T: No? So how would you classify?

O.K., now...what I want you to do... is to take a look at the whole set, O.K.? And organize it in... whatever categories you want... O.K., so if you wanna take... I just told you two categories, I like or I don't like. So what you can do... if you can distribute into categories like, for example, cute and funny or depressing like this one gives me the sensation of solitude... O.K.? Beautiful, just beautiful. Another category: tragic ones. I don't know. Some that I like, but I don't know why... some that I like, but I know why. Some things you like and you don't know why, you just like them, O.K.? And that's O.K. So try, try to do that, to see.

Suspiros da aluna e silêncio

T: Choose one you like most. Now... so that's the one you liked the most?

E: Hum. No momento talvez.

T: O.K. Why?

E: Ah, o sol... ah, sim. To be in that place.

T: O.K., so that's, that's very great. So that's how you feel today?

E: Hum, hum. Como eu gostaria de estar.

T: That's what you wanted to be, where you wanted to be, what you wanted to be doing today?

E: Hum, hum.

T: O.K. I'm not going to get too many materials today, you can get more if you want, ok? You have to draw something that has to do with that. But it has to do with you, that's all.

E: Como eu estou me sentindo ou como eu gostaria de estar me sentindo?

T: Hum, I don't know... it's up to you, it has to do with you.

Desenhando e conversando em português variando com inglês, contando histórias sobre a escola, o grêmio e os amigos. A professora continua respondendo a tudo em inglês.

T: Homework. Read.

E: iiiiii!!!

T: Reading builds vocabulary.

E: Eu sei, eu sei.

01 de setembro de 1997

O mês de setembro foi dedicado aos retratos, começamos vendo fotos de família, a minha e a dela.

08 de setembro de 1997

Desenho de observação do próprio rosto com auxílio de um espelho.

11 de setembro de 1997

Colagem que representasse a aluna, sem a figura humana (música ao fundo).

T: Why do you pay for somebody to paint your portrait?

E: I don´t know...

T: Humm...

E: Naquela época...

T: At that time...

E: Não tinha fotografia.

T: They didn't have photography. So, nowadays we don´t have portraits because we have photography, is that it?

E: Hum...

T: Not necessarily. So do we still have/make portraits? Do artists still make portraits?

E: I don't know.

T: If you have to describe a typical portrait, what a typical portrait would be?

E: A typical? The problem is: I don't remember the artist.

T: Which one? Monet?

E: A dos menininhos... I don't remember...

T: Did we see it here? Can you describe it to me? Was at MASP?

E: Monet? No, Renoir!

T: Ah, Renoir.

E: Eu errei o nome! Eu pensei no nome do outro.

T: Wait. Let's see if we have some here... can you give me that postcard? See those Japanese books? On the top of the books, that thing is a postcard. Van Gogh. So you are saying: this is a portrait.

E: Yes, I think so.

T: That is a portrait?

E: Yes?

T: That is a portrait. Hum...

E: Hum, I am not sure.

T: And...

E: Van Gogh I know, the postman... tem o filho dele...

T: The postman, all of those are portraits.

E: Ah! Tem o Leonardo da Vinci, Picasso.

T: Picasso does portraits?

E: Tem o quadro com as mulheres.

T: Demoiselles D'Avignon.

E: É!

T: Ah... let's get organized. Wanna help me? What about Rembrandt?

E: Ah... hum, hum...

T: I was thinking about these types of photos/pictures, and this set of pictures. Let's check out if we have some nice ones. Is this a portrait?

E: Yes?

T: Is this a portrait?

E: I don't know.

T: So, you have doubts.

E: Hum, hum.

T: You don't know, you don't know... don't know either...

E: Ah! Aquele!

T: Is that a portrait?

E: Auto-retrato, próprio retrato.

T: A self-portrait. O.K. Is this a portrait?

E: Hum...

T: Yes? I don't know, you tell me... you discuss it... Do you think this is a portrait?

E: Yes...

T: So, this is a portrait. Is this a portrait?

E: Hum... maybe, I don't know.

T: So that's a maybe. And this, is this a portrait?

E: Well, yes... yeah. Não é?

T: So you think this is a portrait.

E: Acho que sim. Uma foto.

T: A photograph — but is this a portrait? I don't know!!! O.K., so... let me get some more things... This is a portrait?

E: No.

T: No?

E: Yes or no? I don't know.

T: Is this a portrait?

E: Aninha! Eu não sei definir!

T: Let's see what you think.

E: No!

T: So, this is no, this maybe...

E: I don't know!

T: So, what do you think is a portrait?

E: I don't know.

T: No... if you look at something and say maybe it is, it is because you have some idea.

E: Everything?

T: Everything.

E: It is a one person...

T: O. K. One person only. So it should have one person, one figure.

E: Que realmente existiu, que normalmente tem o nome completo.

T: I don't know if this one has a name... This one has just flowers.

E: Então eu não tinha certeza. Mas este aqui parece. Deixa eu ver.

T: If you put this and this together. This is more portrait than this. Do you get the idea?

E: I don't know.

Depois de ver mais algumas imagens.

T: The person is posing.

E: Yeah.

T: Like in a photograph. So this is not a portrait because they are not posing for a photograph. What do you think?

E: Não sei se é isso mesmo.

T: So, this would be a photograph. What about this?

E: Hum... No, this is landscape.

T: So, we have some things in taking — we have landscapes, we have portraits, and we have Cézanne, the one with the fruit, the arrangements with the fruit.

E: Sei... é, é... em Portuguese?

T: Natureza-morta.

E: Yes!

T: So, you have landscapes, portraits, and still-life. O.K., if it doesn't fit in landscape, so it could be a portrait, but the big difference and I want you to look at this — if you look at this, and this and this... what is the difference in terms of portraits?

E: Ah, this...

T: Velazquez. Classic.

E: Eu ia falar quadrado, mas...

T: What about the background? If you compare Rembrandt's background with Renoir's?

E: Nossa... totally different.

T: There is no background, only the figure is important.

E: Yes.

T: Only the person is important... here is like they are talking, the person and the background, there is a dialogue. Do you think so?

E: Eu não entendi direito.

T: The person and the background have a dialogue. Do you have it?

E: Could be...

T: Well, there is a background here and there is a background here — is black here. It doesn't dialogue... O.K. Is there a dialogue? No. No?

E: Maybe.

T: So, the background kind of puts the figure up?

E: Hum, hum.

T: All right. Look up the word portrait in the dictionary.

E: Hum. Portrait... (reading definition)

T: OK, what is it? So, a painting, or a photograph or a drawing of a person or of a group of people, It doesn't mean a painting, a photograph or a drawing of a real person or a group of people...

E: Ah...

T: See, there is a point where nobody knows if it is about a real person or not. It can be a real person. Now, I want you to see a video.

E: O quê?

T: A video about portraits.

Depois de assistir o vídeo.

T: OK, let's make a self-portrait of yourself, but the self-portrait is not you, but it is of something that represents you. If I made a self-portrait of myself... no if made a portrait of me, what would you put in the portrait? Things that remember me...

E: Ah... não entendi nada.

T: OK. Vem cá. You are going to do a portrait of me...

E: Eu entendi, mas não entendi o que você quer dizer...

T: What would you put in it to represent me? I would put a chair, boxes and bears. In that way, this would be a portrait of me.

E: Hum.

T: Because those are things that represent me. So, if I made a portrait of you... I don't know what I would put...

E: Hum...

T: Think about it. You have to put things that represent you. You are not going to draw your face. Use colors, or shapes, or if you don't want to draw, you don't have to draw, you can cut and glue. You can look it up in those magazines to see if there is any figure that represents you.

E: That's OK.

T: How you are going to do it, it is up to you. You can draw, you can paint... But you are going to do a portrait of you (música alta).

18 de setembro de 1997

Visita à exposição "Flavio Império em Cena" no SESC Pompéia. Flavio Império fez muitas representações de si mesmo e de amigos. A visita desta vez foi quase inteiramente em inglês. Por estar coordenando a monitoria desta exposição, juntamente com Christina Rizzi e Cildo Oliveira, tive a liberdade de pedir a um monitor que nos atendesse em inglês.

25 de setembro de 1997

Retrato de uma pessoa de quem você gosta muito.

02 de outubro de 1997

Começamos a ler um livro de história da arte. A introdução do *Art history* de Gombrich, em inglês.

16 de outubro de 1997

Hoje, a pedido da aluna, conversamos um pouco sobre o dadaísmo (foto 17). Começamos a trabalhar a questão do equilíbrio pela simetria radial.

Foto 17

23 de outubro de 1997

Simetria, colagens (foto 18).

Foto 18

27 de outubro de 1997

Visitamos a minha exposição em cartaz no Espaço Cultural da União Brasil-Estados Unidos.

06 de novembro de 1997

Nesta aula fizemos a leitura de um texto sobre arte pré-histórica do livro de história da arte. A aluna deveria ter lido o texto como lição de casa, mas não o fez.

18 de novembro de 1997

Neste dia visitamos a exposição 20 anos de Tarsila do Amaral na FIESP. A visita foi inteiramente em inglês, até os seguranças estavam falando conosco em inglês.

20 de novembro de 1997

Conversamos bastante sobre a exposição e sobre a obra de Tarsila.

24 e 27 de novembro de 1997

Ainda a questão do equilíbrio, agora em trabalhos figurativos.

1998

02 de fevereiro de 1998

Este foi o ano em que E. e M. passaram a ter aulas juntas.

Começamos as aulas e decidimos, juntas, que iríamos trabalhar com gravura. Continuamos com duas aulas por semana de duas horas cada.

09 de fevereiro de 1998

Conversamos sobre as diferentes técnicas de gravura e a diferença entre gravura, o desenho e pintura.

16 de fevereiro de 1998

Começamos a trabalhar com a monotipia.

18 de fevereiro de 1998

Produção de projetos para a linoleogravura.

M. chegou primeiro, E., um pouco atrasada.

02 de março de 1998

Linóleo: as primeiras tentativas de impressão com cor (fotos 19).

Fotos 19

04 de março de 1998

Leitura, em aula, do texto "What is a print", do livro *Prints and printmaking.*

09 março de 1998

Assistimos ao vídeo *How to make an American Quilt.*

Foto 20

13 de março de 1998

Terminamos a leitura do texto "What is a print".

16 de março de 1998

Gravação do linóleo.

20 de março de 1998

Impressão (foto 20).

23 de março de 1998

Impressão (foto 21).

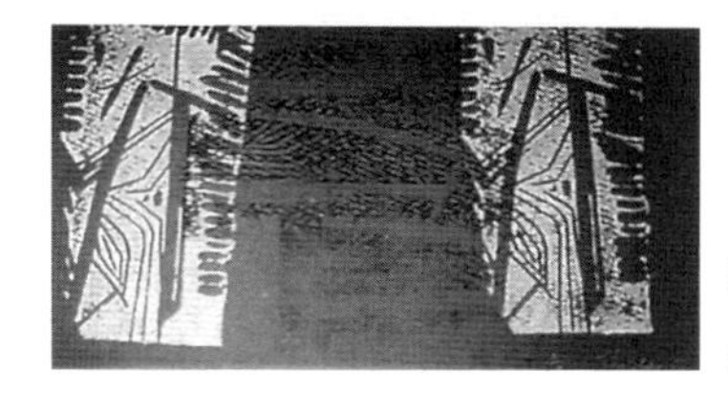

Foto 21

27 de março de 1998

Impressão.

30 de março de 1998

Impressão e música de Janis Joplin trazida por M. (foto 22).

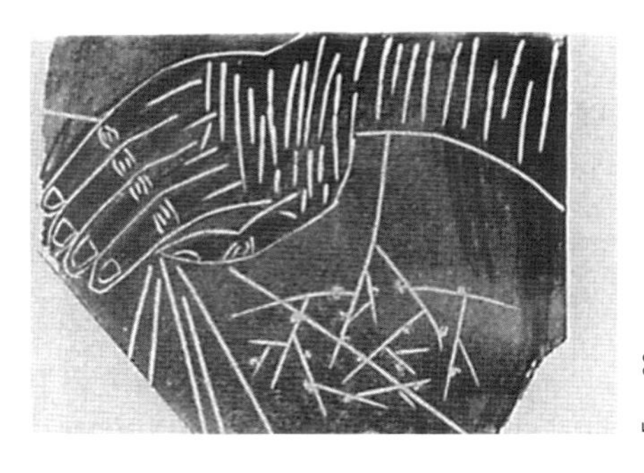

Foto 22

03 de abril de 1998

Visita à exposição de Botero no MASP

Trabalho com formas.

06 de abril de 1998

Desenhos para a segunda linoleogravura.

13 de abril de 1998

Show do Rolling Stones, fui com elas ao show e mais H., que já tinha sido minha aluna. Foi uma experiência interessante, apesar de M. ter passado mal durante o show. Tivemos assunto por várias aulas.

17 de abril de 1998

Apenas E. veio e não pudemos ter aula no ateliê, pois havia sido dedetizado, então fomos conversar e ver livros no Franz Café.

24 de abril de 1998

Visita à exposição de Anselm Kiefer no MAM.

Trabalho com adjetivos.

Anselm Kiefer

He is German, 52 years old, he lives in Barjac, south of France, and he is an artist.

They say he doesn't imitate or paint nature as it is, he doesn't represent or illustrate anything, he doesn't reproduce images of anything.

He creates images that bring about associations and awaken memories and that generate ideas that are going to influence the images of our consciousness.

His iconography has revived our collective memory of wartime atrocities and also connected the 20th century with ancient literature, poetry, and Germanic architecture and mythology.

Lilith, the serpent, mythical places and São Paulo among other references. Reality and mythology.

Choose one of Kiefer's work and underline the feelings that you had while appreciating it:

anguished	**furious**	**concerned**
depressed	**terrified**	**horrified**
glad	**confused**	**pleased**
miserable	**sentimental**	**aprehensive**
thrilled	**optimistic**	**cross**
anxious	**calm**	**frightened**
bored	**exhausted**	**irritated**
heartbroken	**insecure**	**scared**
nervous	**excited**	**astonished**
upset	**hopeful**	**delighted**

Try to make something (your own drawing) that translates the same sensation that you had in front of Kiefer's work.

04 de maio de 1998

E. faltou e M. quis saber sobre Vermeer, aproveitamos para conversar a respeito deste artista.

08 de maio de 1998

Linóleo.

11 de maio de 1998

Linóleo, gravação.

15 de maio de 1998

Linóleo, gravação.

18 de maio de 1998

Linóleo, gravação.

25 de maio de 1998

Impressão do linóleo.

1º de junho de 1998

O mês de junho foi inteiramente dedicado à impressão do linóleo.

26 de junho de 1998

Impressão e a visita de Mwansa. Uma amiga americana estava no Brasil com a filha que assistiu a nossa aula.

29 de junho de 1998

Avaliação dos trabalhos deste semestre com M.

10 de agosto de 1998

Começamos a trabalhar com serigrafia, e esse foi o trabalho realizado nos meses seguintes (foto 23).

Terminamos o semestre no dia 18 de novembro.

Preparação, gravação e impressão.

Trabalho entremeado com música e alguns exercícios de *listening.*

Foto 23

21 de setembro de 1998

Leitura de um texto sobre a história da serigrafia, tirando dúvidas de vocabulário e fazendo comentários acerca da técnica e seus artistas principais.

A professora faz uma demonstração de gravação e impressão em serigrafia, a maior parte desta aula é a professora falando e as alunas repetindo os nomes dos objetos e observando a demonstração.

T: OK? What you can do is you can make a little project. Just an idea, the color i want. Try to make a little project instead of going directly...

Now, you said you have the image, what image?

E: No, I, I, I... I said I know what kind of image I want, not the image.

T: What about you? What would you like?

M: I'm thinking... I don't know... I just... Don't know if I get. I don't know.

T: I'm going to turn on the computer for you guys.

Brincando com uma imagem no computador.

T: Too small... I want bigger.

M: Hum, hum. If I want to print some image that I, I've done in the... In the... In the paintbrush... I can make it here?

T: Yes.

M: Really?

T: And you E.? Want to put it in the computer?

Alunas pensam em projetos.

Alunas e professora discutem a possibilidade de repor aulas perdidas.

23 de setembro de 1998

Professora explica vocabulário de texto lido em casa sobre serigrafia. Algumas palavras são exemplificadas mostrando o material.

M: What's to coin?

T: To coin? OK? When you coin something is when... When you give a name to something, ora value to something, or... You create something.

Any other doubts?

Professora explica a diferença entre diferentes tipos de lápis.

T: Did you bring your images?

M: I don't know what to do.

E: Here.

T: Does it read in Macintosh?

E: I don't know.

T: It's a Macintosh.

Risadas.

T: Guys!!!

T: M. What about you?

M: What?

T: What image you're going to use?

M: I don't know.

T: You have to know, i'm sorry but...

E: Why don't you look for in magazines or books?

T: See that little book over there? The art book? Take a look at that.

M: Como é que passa o antivírus? Quando eles fazem a senha no computador, não esqueça de passar o antivírus, mas aí eu acabo entrando sem passar...

Risadas.

M: Can I have in the, in the...

T: Print.

M: Print... ah, ah... Details?

E: Olha que coisinha linda!

T: It's cute.

T: That one?

Estão falando a respeito de imagens de gatos no computador, escolhendo um para o trabalho de E.

Professora liga o som para que as alunas possam trabalhar com tranqüilidade.

T: This time i'm not going to just look at you doing. I'm going to do something too.

M: Look!... ah, ah...

T: Are you going to put the cats?

M: No, I, I, I think I, I... talk about the moons.

T: You can reach it all... you can go upstairs, and get that pile of newspaper... And try to find the image in the newspaper... That would be interesting. Remember i'm giving you ideas based on the way I work. Remember that work I made that I call Brazil, I got the image from the newspaper, photocopied it and worked on it. So if you want you can do something like that. You know where the newspapers are, go there, and get something. Just don't cut today's newspaper, please!?

Enquanto trabalham em suas imagens falam sobre meninos e beijos.

E. precisou de ajuda no computador para salvar e criar cópias.

T: Can you do anything else here? When you change the photo you have to change to black and white.

E: Hum, hum.

M. Retorna com algumas imagens.

T: You know what you can do?

M: Hum?

T: What are you going to do with that eye? Are you going to use it as background?

M: Hum!!!

T: So... You know what to do now?

E: No.

T: Did you do this before?

E: No. Deixa eu mexer com esse enquanto isso.

T: Uau! Look at that, E.! Look at that... That's nice... I loved it.

Risadas porque são imagens de cadeiras.

T: Isn't it? How did you do it?

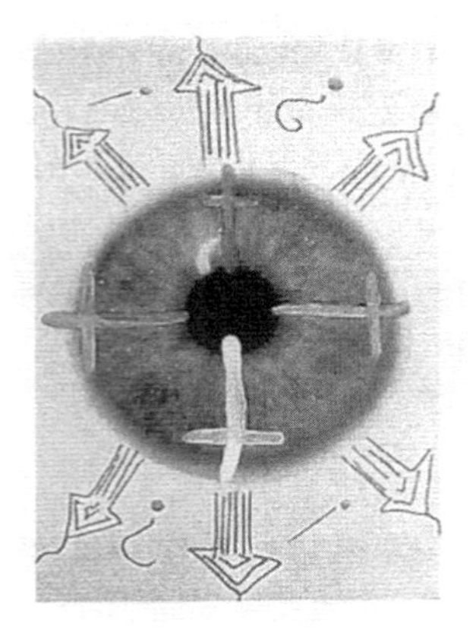

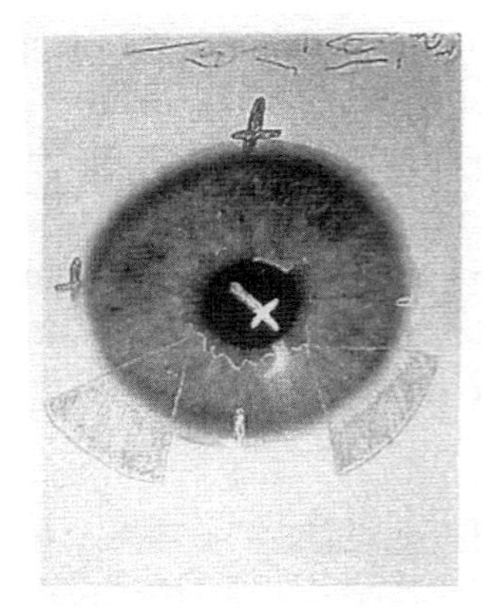

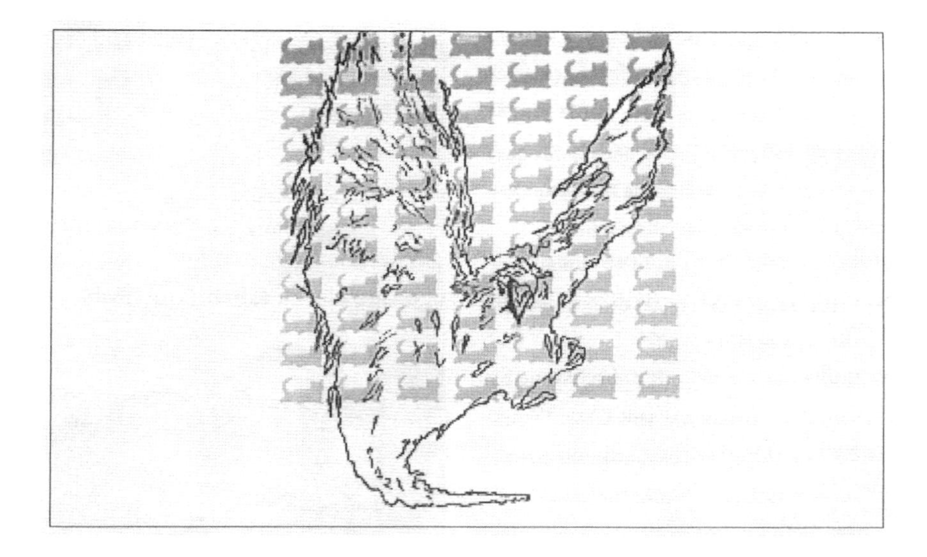

1999

fevereiro de 1999

Este mês foi inteiramente dedicado à realização do exame de FCE (Cambridge First Certificate) em que ambas tiraram a nota C, sendo que E. conseguiu 59,1% e M., 55,8%.

09 de março de 1999

Começamos a trabalhar com pintura e a ler o livro de história da arte, sendo que cada uma irá ler um período e contar para a outra em aula o que leu e entendeu. Pintura: processo e produto, uma cena.

Começamos a aula ouvindo uma música: "Feelings", da década de 1970, que foi regravada por uma cantora em estilo rap.

Neste momento estávamos tirando dúvidas de vocabulário à medida que íamos produzindo as pinturas e ouvindo a música.

11 de março de 1999

Pintura: uma cena.

16 de março de 1999

Pintura: uma cena.

Depois do teste de FCE, começamos a trabalhar, no início de todas as aulas, com um pequeno exercício de use of English. Algo que elas já sabiam que tinha que fazer antes de iniciarmos a aula propriamente dita. Cada exercício levava em torno de quinze minutos para ser completado e mais dez para ser corrigido.

18 de março de 1999

Pintura: uma cena (foto 24).

25 de março de 1999

Aula de leitura a partir dos artistas sobre os quais elas estão lendo no livro de história da arte.

Foto 24

abril de 1999

Pintura: abstrato (foto 25).

Foto 25

maio de 1999

Pintura: um objeto.

1º de junho de 1999

Visita ao acervo do MASP.

08 de junho de 1999

Pintura: expressivo.

As alunas estão no meio de um processo e ao chegar logo começam a produzir. As conversas, nesta aula, vão variar desde falar do relógio novo e de colegas da escola, a fazer perguntas sobre que cor usar e de que maneira escolher as cores. A aula é bastante relaxada, recheada de risadas e fofocas.

24 de junho de 1999

Whatever you want to do today em pintura.

Agosto de 1999

Pintura (óleo sobre tela): tema livre.

Setembro e outubro de 1999

Fotografia.

História e técnica.

Como eu viajei a Nova York, em novembro não tivemos aula e terminamos o ano em outubro.

T: So speaking and writing, which means listening and reading is ok?

E: Listening is ok but reading I need more to help the writing. Stopped that book but i read another one. Now I have to read memórias póstumas and if I finish I can read in english.

T: If you need speaking we can do it in class, but writing and reading you need to compromise to do it at home, ok?

E: I can organize.

Laughs.

T: I love you but I know you, will you do it?

E: Aninha!!!!

Conversamos sobre suas opções para o vestibular, ela fará Letras mas ainda não sabe exatamente que língua. Tem dúvidas entre a língua e a literatura. A aluna prestou vestibular e entrou na FFLCH/USP no Departamento de Línguas Modernas, no curso de Inglês/Português.

4

Reflexões de observadores

A professora de inglês

Esta observação foi feita a partir de uma necessidade que eu já vinha tendo de que alguém observasse minha aula para que eu pudesse ter uma opinião externa.

No início do mês de maio de 1998, pedi a uma colega que assistisse as minhas aulas. Esta colega, vamos chamá-la de Miss M., se dispôs a conversar inicialmente comigo, a assistir a duas aulas e a conceder uma entrevista no final.

Em nossa conversa inicial contei à Miss M. o que estava fazendo, quem eram minhas alunas, há quanto tempo estavam comigo e pedi a ela que observasse as aulas fazendo algumas anotações. Miss M. é professora de inglês para executivos há alguns anos, é formada em Letras pela PUC/São Paulo e não tem nenhuma formação em artes. Minha intenção era saber o que alguém da área de Letras acharia do meu trabalho, assim como pretendo que alguém da área de artes também me observe.

O que eu contei à Miss M. foi que as aulas às quais ela assistiria seriam de um grupo que nomeei de *Group Girls*, composto de duas meninas, E. de 15 anos e M. de 16. E. tem aulas comigo desde o começo de seu aprendizado e M. entrou no início do ano de 1998. Apesar de terem níveis diferentes de fluência quando testadas pelos métodos tradicionais, ambas atingiram o intermediário. No começo das aulas em março, decidimos de comum acordo que o tema deste ano seria gravura. Começamos, portanto, fazendo monotipias em vidro com vários tipos de tintas diferentes para experimentar as tintas e o processo de pintar em uma superfície e ter a imagem no papel como que espelhada. Lemos alguns textos sobre impressão e o vocabulário específico foi introduzido. Da monotipia passamos para o linóleo em uma cor e aprendemos a fazer tiragens, e então passamos para o linóleo e um fundo que poderia ser de colagem, na madeira ou no linóleo; no entanto, teria que ser impresso. Isso tudo foi entremeado com visitas a museus e exposições e discussões constantes sobre obras de arte e artistas, entre tantas outras coisas discutidas. Quando Miss M. veio à aula estávamos exatamente no ponto de ler mais sobre a história da gravura e terminar os fundos.

Miss M. assistiu, portanto, a duas aulas de duas horas cada no dia 18/05 e no dia 1º/06. Pedi que escrevesse suas observações para conversarmos depois.

A seguir suas observações:

> Observei duas aulas durante os meses de maio e junho: a primeira no dia 18/05/98 e a segunda no dia 1º/06/98. A não-observação de duas aulas consecutivas foi sugestão da própria Ana Amália. Ambas as aulas tiveram a duração de duas horas. Também nos dois casos a aula começou só com a presença de M., a sua companheira, E. chegou atrasada e já encontrou a aula começada.
>
> Na aula de 18/05 as alunas estavam trabalhando com técnicas de gravura e deveriam ter trazido um texto sobre o assunto lido. Nenhuma das duas leu o texto assim que M., enquanto aguardava a chegada de E., começou a ler o texto, primeiro em voz baixa e logo em voz alta. Uma vez presente, E. também participa da leitura. Nenhum exercício específico é feito antes, durante ou após a leitura e a compreensão do texto é checada através de algumas perguntas. O texto é deixado de lado e as alunas passam a trabalhar em suas placas de gravura. A aula do dia 1º/06 foi toda dedicada à confecção do fundo da gravura a ser impressa.
>
> Desde o início da aula Ana Amália comunica-se com as alunas em inglês, não permitindo o uso de português, atitude esta que funciona como "fronteira" entre o espaço e tempo de espera da aula e a aula em si. Há uma diferença clara entre o nível de proficiência das alunas, fato que não parece atrapalhar o andamento normal da aula ou afetar o comportamento das meninas. Não há muita correção

durante a aula, principalmente no que se refere à estrutura, assim que a fluência é sempre privilegiada, talvez, em detrimento da precisão gramatical (*fluency x accuracy*). Não vejo problemas aqui, e sim vantagens; no entanto, me pergunto se não seria benéfico para as alunas um maior equilíbrio neste aspecto.
O nível de compreensão auditiva das alunas é excelente, em momento algum demonstraram problemas em entender o que deveriam fazer. Há entre as alunas e Ana Amália uma atitude muito positiva, um misto de descontração e respeito que, sem dúvida, contribui para o aproveitamento das aulas. Não tive acesso a nenhum material escrito pelas alunas, assim que não tenho nada a comentar em relação ao nível de comunicação escrita das alunas.

Tive acesso às observações escritas por Miss M. antes de nossa entrevista final, dando-me oportunidade de especular e refletir sobre o desenvolvimento de meu trabalho.

O ensino das artes visuais, assim como o ensino da língua inglesa têm passado, ao longo do tempo, por diversos processos e reformulações e, apesar de ambas possuírem suas especificidades, em determinados momentos da história parecem se desenvolver paralelamente. No entanto, isso não chega a ser uma surpresa, já que as mudanças não se encontram necessariamente em cada uma destas disciplinas, mas sim no conceito de educação e cultura.

Em um determinado momento, aprender arte era copiar os grandes mestres, ao mesmo tempo em que aprender inglês era memorizar frases e palavras. Com o modernismo, aprender arte passou a ser expressar seus sentimentos ou emoções, e aprender inglês significava a capacidade de se comunicar em detrimento da precisão e acuidade da língua. Nos últimos tempos o ensino da arte passou a ser visto não só como expressão, mas como a necessidade de aprender tudo que envolve arte, sua história, o fazer, o ver e o pensar arte e o ensino da língua inglesa passou a exigir não apenas a comunicação, mas a acuidade decorrente de se conhecer a estrutura da língua e sua funcionalidade, assim como de se estudar sua história, seu desenrolar e a cultura na qual essa língua está inserida.

A análise da história do ensino destas duas disciplinas nos leva a crer, num primeiro momento, que elas se desenvolveram de forma paralela, pois ambas têm em comum a comunicação e possuem uma gramática, uma estrutura funcional e expressam significados.

Mas, voltando para os dias de hoje, o que se leva em consideração quando se ensinam estas disciplinas? Ao ensinar inglês costumamos trabalhar com a interação e integração das quatro habilidades: *reading/writing* e *listening/speaking*. Ao ensinar arte trabalhamos com a interação e integração do contextualizar, do apreciar e do fazer arte. Segundo Dewey há três coisas que se pode fazer com arte: fazer, ver e falar sobre arte. Com esses aspectos e minha própria formação em mente, pensei que poderia juntar as duas disciplinas e ensinar arte e inglês ao mesmo tempo: "a interdisciplinaridade, do ponto de vista da elaboração sobre o conhecimento e elaboração do mesmo, corresponde a uma nova consciência da realidade, a um novo modo de pensar, que resulta num ato de troca, de reciprocidade e integração entre áreas diferentes de conhecimento visando tanto a produção de novos conhecimentos, como a resolução de problemas, de modo global e abrangente. A partir deles, e com o sentido de alargá-los, como uma práxis, isto é, um processo de reflexão-ação, a interdisciplinaridade ganha foro de vivência (escapando à disciplinaridade) e estabelece a hominização em seu processo" (Lück, 1995).

Lembro de meus cursos de inglês e de quantas vezes discutíamos o mesmo tema ou de quando aprendíamos uma nova forma gramatical e tínhamos que fazer milhões de exercícios, e eu não sentia nenhum prazer nisso e muito menos me lembrava depois. Em geral as pessoas não lembram mesmo pois para se aprender uma língua é preciso experienciá-la, vivenciá-la. Para se aprender arte também. Juntar as duas disciplinas não significa apenas ter uma aula de arte falada em inglês, nem uma aula de inglês cujo conteúdo seja arte. Significa, sim, uma aula em que tanto arte quanto inglês sejam conteúdos, ambas com a mesma importância no processo de aprendizagem. É lógico que em alguns momentos uma ou outra estarão mais em destaque, assim como uma das habilidades ou dos conteúdos.

"O pensar e o agir interdisciplinar se apóiam no princípio de que nenhuma fonte de conhecimento é, em si mesma, completa e de que, pelo diálogo com outras formas de conhecimento, de maneira a se interpenetrarem, surgem novos desdobramentos na compreensão da realidade e sua representação" (Fazenda, 1979). "A interdisciplinaridade também se estabelece a partir de uma contínua interfluência de teoria e prática, de modo que se enriqueçam reciprocamente" (Lück, 1995).

Em uma de nossas aulas, mais especificamente na do dia 24 de abril de 1998, nós fomos ao MAM ver a exposição de Anselm Kiefer. O trabalho de Kiefer traz uma carga gráfica muito grande e parecia-me apropriado, já que estávamos trabalhando com gravura, além de Kiefer ser um grande artista contemporâneo. No entanto, só ir visitar e contar a história dele para elas me pareceu muito pouco, tudo bem que iríamos conversar o tempo todo em inglês, mas ainda assim era pouco. A obra de Kiefer mexe com nossos medos e eu estava levando adolescentes. Resolvi, então, focar a visita não em Kiefer, mas na aprendizagem de novo vocabulário, mais especificamente adjetivos para sensações. Fiz uma lista de adjetivos conhecidos e desconhecidos (anexo) e nós os discutimos à medida que visitávamos a exposição. Só depois de estarem habilitadas a expressar suas sensações em relação ao que viam é que discutimos quem era o artista e quais eram as possíveis interpretações para a sua obra.

M. não "gostou" desde o momento em que entramos no museu, mas, depois de estudarmos os adjetivos e conversarmos, ela percebeu que o que ela estava sentindo era exatamente o que o artista quis provocar, isto não mudou a opinião dela sobre "gostar ou não", mas ela pôde compreender melhor o que estava vendo e o que se faz em arte e com arte.

Sinto que as artes visuais podem ajudar e muito na aprendizagem da língua inglesa e vice-versa, mas como? De um lado, temos o ensino de arte relegado a segundo plano por não ser considerado tão importante quanto o aprendizado da matemática ou de uma língua como o inglês, de outro lado, temos pessoas que possuem um certo nível cultural no Brasil e que precisam aprender inglês por exigência da empresa em que trabalham e que aprendem o inglês necessário para "se virar" mas que, quando se encontram em outro país, vêemse em situações embaraçosas por não saberem se expressar culturalmente. Parecem questões simples mas, na verdade, não o são pois costumamos compartimentar nossos conhecimentos, contudo, somos julgados socialmente pela flexibilidade e fluência de um conhecimento geral, ou melhor, de uma cultura geral. Precisamos trabalhar em direção a uma alfabetização cultural.

Mas o que vem a ser essa alfabetização cultural, será que é só saber os nomes dos artistas, autores e compositores ou será que é mais do que isso? Um dia, conversando com Mrs. B., mãe de E., ao telefone, perguntei-lhe se estava satisfeita com o progresso da filha e se tinha dúvidas. Sua resposta me deu a certeza de que estava no caminho certo: "E. ainda parece ter muito medo de falar inglês em público mas pude perceber que ela está entendendo mais quando vê TV ou na Internet, mas o que me impressiona mesmo é o quanto o senso crítico dela se desenvolveu, ela se coloca mais, discute mais e não apenas aceita...".

Talvez isso se dê porque ao trabalharmos as duas disciplinas integradas estamos trabalhando mais do que os usos aplicativos e replicativos da aprendizagem, estamos fazendo associações e interpretações. Por interpretações quero dizer a esfoliação do significado de um termo ou de uma idéia, e associações vão muito além do que se aprende na escola, posso não lembrar uma certa data mas com certeza me recordarei levemente de um fato ligado a outro e outro e outro. Isto não é normalmente avaliado na escola, mas é através da interpretação e associação que obtemos muitos dos recursos com os quais pensamos, percebemos e apreciamos e se pensarmos em alfabetização cultural como algo mais do que saber nomes, datas e fatos teremos que levar isto em consideração.

Broudy, um dos criadores do DBAE, diz que a interpretação exige com freqüência definir ou explicar a situação de um termo, e os meios para isso são os resíduos de um sistema complexo de aprendizagem adquirido na escola... Inclui mais que experiência escolar, embora muito do que é estudado no ensino formal sugira conexões e idéias que não foram estudadas especificamente.

Até que ponto o ensino de uma área pode funcionar como agente facilitador da aprendizagem de outra área? O inglês através da arte desenvolvendo a capacidade de construção de significados em ambas as áreas e arte através do inglês estimulando a imaginação e rompendo barreiras pelo descompromisso que uma língua estrangeira representa. O ensino da arte e do inglês conjuntamente levando à superação da aprendizagem mecânica e mnemônica da língua estrangeira e à superação de barreiras verbais na expressão do entendimento da arte.

Uma das coisas que mais impressionou minha colega que se dispôs a assistira a minhas aulas para poder me ajudar a refletir sobre o meu processo foi o "clima" da aula, a atmosfera e a relação entre alunas e professora. Diz Miss M.:

> Eu acho que o clima é muito legal, mesmo que elas tenham diferença do inglês, não interfere em nada, elas se dão, a dinâmica entre as três é muito natural, é

muito legal, que é uma coisa difícil de acontecer numa aula normal, numa aula ortodoxa, digamos, esse tipo de relacionamento, por melhor que seja entre as pessoas é muito difícil, existe um, assim, um, tem uns implícitos entre as três (...) uma falta de necessidade de instrução, de dar, olha agora você vai fazer assim e assim e assim, uma coisa mais formalizada, que é muito legal (...) uma coisa que eu acho que seria legal para uma aula ortodoxa aprender a fazer esse tipo de como controlar a dinâmica de uma maneira implícita, você não precisa ficar dando ordem, agora faz isso, levanta, senta, abre o livro, não tem isso nessa aula e isso é muito legal. Porque evita aquela sensação de que eu não estou entendendo o que eu estou fazendo, elas sempre sabem o que elas tem que estar fazendo, às vezes demora um pouquinho para entender mas elas entendem bem o que elas têm que estar fazendo, e isso é muito, transforma a aula de um, a aula fica muito produtiva.

Tem muito *input* de língua ali, porque vocês conversam o tempo todo em inglês, é muito legal por que é muito delimitado o espaço de aula (...) como é tudo no teu ateliê, quando você começa a falar inglês a aula começou, não precisa o agora vamos começar a aula, não precisa esse tipo de atitude...

...Na verdade o que você está trabalhando ali, de maneira brilhante, é trabalhar com a noção de filtro afetivo, que é a noção de Krashen de filtro afetivo, que aluno aprende melhor quando ele está com um filtro afetivo baixo, ali não existe o menor problema naquilo, elas são muito relaxadas, é um ambiente que tem muita cumplicidade, muito respeito, e isso é muito legal, o que acontece, quando eu estou falando que ali tem muito *input* lingüístico é que você está trabalhando com o *silent period* delas de maneira muito mais acentuada do que uma aula ortodoxa..."

Krashen vê o estado emocional do aluno como um filtro ajustável que deixa passar livremente, impede ou bloqueia *input* necessário à aquisição da linguagem. Um filtro afetivo baixo, como disse Miss M., é desejável já que pesquisas comprovam que alunos motivados, com segurança, boa auto-imagem e em um ambiente de menos ansiedade, com pessoas menos ansiosas parecem receber mais *input*, interagem melhor e são mais receptivos, concordo que a sala de arte ajuda muito nisso mas ela não é só isso...

"Salas de arte também são lingüisticamente especiais como lugares de trabalho. São espaços para o pensamento em voz alta ou silencioso, para colaboração, avaliação, celebração e, em maior detalhe, para analisar, planejar, formular hipóteses, conferir, corrigir e instaurar confianças... A criação do trabalho artístico não pode acontecer sem as horas que gastamos conversando" (Stibbs, 1998).

Minha colega não viu aulas em que passamos vendo arte e discutindo sobre ela, ela presenciou aulas em que estávamos produzindo arte após estas horas de conversa e discussão. Talvez ela tivesse tido outro ponto de vista se tivesse visto, por exemplo, a aula em que E. e M. se colocaram perante reproduções de obras de arte de Hopper e de Vermeer e tiveram que falar sobre o que viam, descrevendo, analisando e interpretando além de terem que ler dados biográficos dos artistas e um pouco a respeito da época em que viveram. Ambas leram e contaram uma para a outra o que haviam lido e descoberto, trocaram informações e questionamentos sobre os artistas e suas obras antes de partirem para a produção própria. Talvez neste tipo de aula eu respeite menos o *silent period* delas mas com certeza no momento da produção faz-se necessário respeitar este *silent period* pois ele é essencial para a produção/criação em arte.

De qualquer maneira as pesquisas dizem que os erros cometidos ao passar de L1 para L2 vêm do não-respeito ao *silent period,* os alunos não se dispõem a falar até terem aprendido mais da língua, e esse é o caso principalmente de E., que só agora se arrisca na frente de estranhos, e parece estar começando a se soltar mais.

Ainda na entrevista de Miss M.:

"...que eu acho que um grande problema de professor em sala de aula, professor tem uma ansiedade muito grande com relação ao momento silencioso, parece que você tem que estar preenchendo o silêncio o tempo inteiro, e ali não há, nem há a necessidade porque podia acontecer o silêncio mas com a sensação de ansiedade, não acredito que haja essa ansiedade, esse *silent period* é muito produtivo porque o *listening* delas é extremamente desenvolvido para alguém, no nível, que apresenta o nível de comunicação linguístico que elas apresentam. é por isso que eu digo, eu senti falta de um trabalho um pouquinho mais estruturado em relação à língua, não tanto com a parte de arte, acho que você pode usar o mesmo tipo de material, continuar usando os textos mas talvez separar alguns aspectos linguísticos que fossem importantes pra fazer um trabalho mais ortodoxo".

Sempre achei que para um professor de inglês o que eu faço poderia parecer pouco e para o professor de arte também, e que tanto um quanto outro iriam querer mais atenção à sua disciplina específica e parece que não me enganei.

Ana: Era o que você esperava? você já tinha uma noção do que era o projeto?

Miss M: Eu achei que é muito mais pra arte do que eu esperava.

Ana: Humm...

Miss M: Eu achava que tinha um pouco mais de língua envolvido.

Ana: Em que sentido?

Miss M: Talvez um pouco de, eu senti falta principalmente na E., isso até eu coloquei no meu relatório, ah, um pouco assim, elas entendem muito bem, elas são fluentes, a M. é fluente, a E. é um pouco travada, ah, então assim fica muita fluência e pouco precisão (...) eu senti falta de um pouco de trabalho com precisão, eu não acho que precisa travar a fluência, eu acho que não aconteceria isso, não é? mas eu acho que faltou um pouco de precisão, talvez agora seja o momento de com a E. trabalhar um pouquinho de precisão, porque eu acho que ela chegou num ponto que ela quer se expressar e ela não consegue.

Ana: Mas a M. também está no mesmo ponto.

Miss M: Menos, talvez agora fosse o momento de trabalhar um pouquinho mais, talvez de maneira ortodoxa, sei lá, ou então você encontrar caminhos para trabalhar um pouco de *precisão*. Eu achei muito legal, o trabalho de, o material de *input*, por exemplo, aquele texto que você deu estar relacionado com aquilo que elas estão fazendo naquela hora, eu achei, isso é bárbaro, foi muito legal, é supermotivador para elas.

Apesar de Miss M. querer, digamos assim, "puxar a sardinha" para o lado do inglês gostaria de lembrar que:

"A forma como reconhecemos, classificamos, conectamos e pensamos sobre as coisas influencia como nos sentimos a respeito delas. Assim, ensinar e aprender sobre arte é também ensinar e aprender sentimentos sobre arte... a iconografia dos trabalhos de pintura através de códigos semióticos culturalmente específicos. Esses códigos, percebidos como formas e marcas, e palavras dentro de um trabalho de arte como ciprestes, trazem uma carga e uma intenção ideológicas. Nossas apreendidas reações a esses códigos, o modo como escolhemos nossas saliências, encontramos padrões, fazemos conexões, interpretações e assim por diante, também relacionam a arte à vida social e pessoal" (Stibbs, 1998).

A experiência verbalizada é mais facilmente lembrada, adotada e aplicada. Mesmo a tentativa, muitas vezes não bem-sucedida, de encontrar como falar de uma experiência sensual pode nos fazer rever a experiência e talvez até repeti-la com vantagens. Portanto, vivenciar a língua inglesa em um ambiente de ateliê e vivenciar arte em outra língua que não a sua materna pode ser extremamente prazeroso e importante, pode nos ajudar a interpretar, associar e pensar em tudo que nos rodeia.

A professora de artes

Após a observação feita pela minha colega, Miss M., professora de inglês, senti necessidade de ter minha aula observada por um profissional da área de artes. Difícil tarefa. Difícil encontrar um professor de artes com o domínio da língua inglesa suficiente para que não se perdesse na aula.

Além disso era difícil acertar os horários. Até o final da experiência com M. e E., em dezembro de 1999, isso não foi possível.

Dei início a outras experiências de ensino de artes e inglês em 2001 com duas alunas diferentes e com necessidades e perfis diferentes. A primeira foi a aluna F., formada em Arquitetura pela Faculdade de Belas Artes, muito insatisfeita com o mercado de trabalho e muito curiosa sobre arte. Começou, assim como E., a ter aulas de inglês comigo em abril de 2000, depois de ter tido aulas nos dois meses anteriores com um colega meu. O ano de 2000 foi atípico, já que com a gravidez tive que parar as aulas em outubro. No entanto, F. continuou a ter aulas com uma ex-aluna minha até dezembro. Em seguida entrou de férias e retornou às aulas comigo em abril de 2001.

Quando começou, F. se encaixava no perfil de aluno pós-elementar, ou seja, um aluno com conhecimento básico prévio. Conhecimento de um vocabulário mínimo e de estruturas básicas como o *simple present* e o *present continuous*.

Durante os meses de janeiro, fevereiro e março de 2000 estas estruturas foram revistas e atualizadas e em abril começamos a ver novas estruturas.

Quando saí de licença-maternidade, deixando em meu lugar Miss Angel, deixei também um livro didático, *Move up pre-intermediate*, e especificações de trabalhar uma vez por mês com vídeo e música. Este trabalho foi realizado com maestria por Miss Angel.

Em abril de 2001 retornamos a nossas aulas normais, seguindo o livro e com música e vídeo uma vez por mês. No entanto, no final de junho a aluna se mostrou interessada em conversar sobre arte. Começamos a conversar mas nada sistematizado, só conversa sobre artistas e exposições que havíamos visto. Costumo dar um livro para que meus alunos leiam durante as férias de julho e, partindo do interesse da aluna, emprestei-lhe um livro de história da arte (Walter Robinson, *Instant art history from cave art to pop art*) e pedi que lesse sobre a *pop art*. No retorno das férias fiquei contente ao ver que F. havia lido o capitulo sugerido e que queria muito discutir o que tinha lido e saber mais a respeito. Começamos então a ter uma aula a partir da história da arte e uma aula a partir do livro didático por semana. Em outubro de 2001 a aula a partir do livro didático praticamente desapareceu, tal o interesse da aluna em discutir as questões relativas a arte. Foi em outubro também que começamos timidamente a ter aulas com foco na produção plástica. A aula que minha colega, professora de artes assistiu foi no dia 11 de dezembro de 2001.

Convidei Mrs. T. para fazer as observações de minhas aulas. Mrs. T., como quase todos que atualmente trabalham comigo, não precisou de muitas explicações sobre o que eu estava fazendo, já que venho discutindo o assunto com todos constantemente. Pedi a ela que assistisse duas de minhas aulas com duas alunas diferentes e que após a observação relatasse o que havia visto e o que havia pensado a respeito. Mrs. T. é arte-educadora e pesquisadora. Como professora de artes ela não tem experiência em aulas particulares (*one to one*) como a minha colega de inglês, mas ela tem uma vasta experiência no ensino de artes (inclusive por ser mais velha, passou por vários momentos do ensino de artes) e como estudou muitos anos nos Estados Unidos possui fluência na língua inglesa. Minha intenção, assim como com a observação por parte da professora de inglês, era saber o que um profissional da área de artes, mais especificamente da área de arte-educação, acharia do meu trabalho.

A aula que Mrs. T. observou da aluna E. no dia 11 de dezembro começou com problemas técnicos, pois havíamos combinado de continuar a assistir ao filme *Thomas Crown: A arte do crime*. No entanto, descobrimos que o vídeo não estava funcionando logo no início da aula. Como já havíamos assistido a um trecho do filme na aula anterior, resolvemos conversar sobre os artistas que o filme citava. Um deles é Magritte. Especialmente em uma cena quase no final do filme em que o ator principal se utiliza do artifício de vestir várias pessoas como os homens de *Chapéu de coco*, de Magritte, para escapar da polícia.

A seguir as observações de Mrs. T. sobre a aula de F.:

> O ambiente em que a aula se dá é interessante. Além de muitos livros de arte, quase todos em inglês, há muitos materiais de arte, como tintas, rolos de gravura etc. Há, na mesa que a professora divide com a aluna, um aparelho de som, indicando seu uso constante. A mesa é pequena, aluna e professora sentam em frente uma da outra. A proximidade das duas e a atmosfera de trabalho intelectual e artístico que a pequena sala transmite, uma espécie de caos controlado, parecem estimular um diálogo mais informal. Diria que F., em compreensão de arte e inglês tem um desempenho intermediário. Longe de ser iniciante em arte, não tem, entretanto, conhecimentos estéticos aprofundados nem uma alta fluência em inglês, mas, ajudada pela professora, sustentou durante toda a aula a conversação em inglês. Não falaram nem uma vez em português. F. parecia um pouco insegura, talvez por causa da minha presença, mas fez uso de termos eruditos. Era curioso pois, pelo nível de fluência, se esperaria o uso de palavras mais corriqueiras, mas, além de usar termos do cotidiano, a aluna dominava um vocabulário muito rico. A fluência parecia estar aquém da riqueza de vocabulário que utilizou.
>
> A professora, durante a aula, se empenhou na aquisição de vocabulário, enriquecendo a conversa com sinônimos, naturalmente introduzido ou ao repetir, de tempos em tempos e com frases semelhantes, julgamentos emitidos pela aluna.
>
> A aula de F. à qual assisti foi baseada no diálogo estimulado pela leitura de obras de Magritte.
>
> Começou pelo comentário de Magritte acerca de pintura de Manet. O conceito de citação certamente já era conhecido pela aluna.
>
> A professora pareceu usar de maneira muito pessoal os princípios de leitura da obra de arte de *Feldman* e também sua estratégia de trabalhar com comparações.

Colocou a frente da aluna as duas obras, *O palcão* (foto 26) de Manet e *Perspectiva li: o balcão de Manet* (foto 27) de Magritte. Não estimulou diretamente uma

Foto 26

Foto 27

descrição como faria Feldman, mas a aluna parecia já estar acostumada a inventariar uma imagem, antes de analisá-la. Digo isto porque sua primeira reação foi perguntar: "How to call that?", apontando para um dos caixões de defunto da obra de Magritte. Então passou a analisar a semelhança da *composition* entre as duas obras. A professora repetiu o comentário da aluna substituindo a palavra *composition* por *structure*, assim ampliando o vocabulário em inglês e o conceito de gramática visual. A aluna incorporou imediatamente a palavra conceito e passou a usá-la. falaram da relação pintura/escultura, da intertradutibilidade de ambas no caso Manet/Magritte. Também falaram da luz em Magritte, como a luz estrutura a pintura, reportando-se a outras pinturas de Magritte no livro que estavam usando. Pararam para análise mais detida em O *império das luzes* (foto 28), no qual o céu é representado com iluminação diurna e a cena abaixo representada no escuro da noite.

Foto 28

Voltaram a conversa para as obras que eram objeto mais específico da aula, gerando comentários também sobre a luz mapeadora da estrutura. A professora então lançou a pergunta deflagradora da interpretação: "Why coffin?".

Só uma pessoa com alguma experiência em leitura de obra de arte produziria tantos e tão variados significados para uma única imagem, demonstrando que a professora já havia introduzido a aluna à idéia de que em leitura de obra de arte não há uma única verdade, mas muitas possibilidades e de que não há certo e errado em leitura de obra de arte, mas apenas a leitura mais adequada ou menos adequada, e esta adequação é avaliada pela confirmação da idéia nos dados da imagem.

Esqueci de perguntar há quanto tempo a aluna estudava com Ana Amália, mas calculo que já tivessem tido mais de 10 encontros.

A primeira hipótese interpretativa da aluna foi que os "coffins" representavam "memories of people". A professora provocou uma ampliação do que ela estava dizendo e continuou dizendo: "Like a register of people who have died". "Então é acerca de morte?", perguntou a professora. F. pensou um pouco e disse que não via assim tão literalmente mas como "something close". Esta foi para mim a melhor parte pois a professora ampliou muito o vocabulário explicitando os vários sentidos de *close, closure, closed* etc., sem arrefecer o diálogo sobre a obra. Continuando, F. indicou uma interpretação mais fenomenológica e uma mais psicologizante, dizendo que dava a idéia de fechamento como imobilidade "under the ground", mas também a idéia de fechamento interior ("close inside").

O diálogo foi rico de explicitações, mas infelizmente não segui a recomendação de Ana Amália de escrever imediatamente meu relatório. Ela me afirmou ser a imediatez dos comentários sobre a experiência, a transcrição imediata das observações, um valor importante em pesquisa qualitativa e que um dos professores que examinaram sua qualificação era o maior especialista no Brasil em etnometodologia e, portanto, ela queria tudo como manda o figurino, principalmente porque ele deveria estar na banca. Como falamos também da necessidade, em pesquisa qualitativa, da transparência da subjetividade e da contextualização, estou confessando aqui o meu erro. Só escrevi este relatório 20 dias depois por razões de absoluta falta de tempo, por complicações familiares. Tomei notas todo o tempo durante a aula, mas o diálogo era mais rápido que minha capacidade de anotar. Devia ter gravado a aula toda, mas talvez não tivesse prestado tanta atenção nos gestos tranqüilos das duas, na perfeita comunicação pelo olhar e pelos movimentos da cabeça. Se Ana Amália punha a cabeça de lado ao longo de uma interpretação, a aluna se via estimulada a prosseguir com outra interpretação. Não ouvi nenhum *muito bem* professoral e nenhuma outra forma de aprovação ou elogio artificial, assim como nenhuma discordância pura e simples. Ana Amália estimulava para ir adiante e abria com perguntas novos caminhos ou ampliava o vocabulário.

Outras interpretações foram discutidas como: o "coffin" é o corpo, o corpo é um "coffin" e finalmente a aluna usou um pré-conhecimento comentando que "perhaps the coffin" guarda o inconsciente. Imediatamente a professora deu a perceber que estava reconhecendo a classificatória identificação da relação Magritte, surrealismo, inconsciente e perguntou: "Is surrealism dealing only with uncounscious?". "No, with the dreams, too", respondeu F., dando lugar ao diálogo sobre este tema. Passaram a comentários sobre outros artistas identificados como surrealistas. Falaram sobre a exposição do Centro Cultural Banco do Brasil no Rio, que nenhuma das duas havia visto, mas comentaram algumas obras que Ana Amália sabia estarem na exposição e que eram reproduzidas em um dos livros que estavam vendo, principalmente sob viés inconsciente — sonho — história — estrutura — forma — contexto.

Por fim, divagaram acerca da pergunta de Ana Amália sobre por que as imagens de Magritte são tão usadas em publicidade e citadas em filmes.

Fiquei impressionada com o equilíbrio da atenção da professora para eqüitativamente produzir conhecimento de inglês e de arte em ensino/aprendizagem de arte, reconheci a abordagem triangular como orientação da professora. Gostei muito que não tenha usado nenhuma vez a palavra releitura, um termo e uma prática que se disseminou a partir da abordagem triangular. Tem muita gente usando só a releitura de obras como se nesta prática se resumisse a abordagem triangular. O pior é que a releitura inventiva, tão bem exemplificável através da obra de Magritte sobre a pintura de Manet, está se tornando na escola uma mera cópia, algo muito perigoso por eliminar o ponto de vista pessoal do aluno sobre a obra, sua interpretação, sua capacidade de reorganização, sua flexibilidade e sua subjetividade.

Aliás, em conversa o ano passado com Ana Amália, cheguei à conclusão de que o apego dos professores à releitura e mesmo à redução da abordagem triangular à releitura é resultado do vício da redução das teorias ao seu mínimo na prática na escola. Ana Amália me recomendou reler o livro *A imagem no ensino da arte* (Barbosa, 1991), que lançou ao público a abordagem triangular, que vinha sendo pesquisada e experimentada em pequena escala há algum tempo antes, para comprovar, como ela já o tinha feito, que não há nenhuma vez no texto do livro a palavra releitura. Nas legendas das imagens que ilustram o livro é que pode se ler esta palavra ao se identificar os desenhos das crianças como *Releitura de a soma de nossos dias* de Maria Martins ou *Releitura da unidade tripartida* de Max Bill e ainda *Releitura de Tilodiram* de Omar Rayo.

Parece que ninguém lê o livro, só a legenda das figuras. Se isto de um lado demonstra o poder da imagem, portanto de nossa área, pois lidamos com a imagem, por outro lado a redução de uma proposta complexa a algo que lhe é acidental é muito caricatural e põe em perigo a seriedade desta nossa área que se mostra tão importante nos dias de hoje dada a prevalência da imagem.

Reconheci a Abordagem Triangular no processo de trabalho de Ana Amália pela relação leitura do objeto estimulando várias interpretações possíveis e ampliação do seu significado pela contextualização (comparação com outros artistas classificados dentro do mesmo código, teorias que validam o código, recepção, apropriação por outros meios). Poderia considerar que o fazer que compõe a Abordagem Triangular é, no caso, a expressão numa língua que se está aprendendo, ao mesmo tempo em que se estuda arte? Acredito que sim.

O fazer, ler, contextualizar não são seqüenciais e podem se dar ao mesmo tempo. Acho que o contextualizar é necessário no fazer e na leitura da obra. Portanto, outra coisa de que gostei muito foi a freqüência com que é usada a contextualização das palavras e expressões em inglês, como aconteceu com a palavra *close* a qual já me referi. Enfim, assistindo a esta aula me pareceu que há uma trama bem amarrada metodológica e ideologicamente na aprendizagem do inglês e na compreensão da arte. Os conteúdos se seguram nesta trama, se balançam para lá e para cá como trapezistas e finalmente são enunciados pelo próprio aluno e provavelmente assimilados pela internalização. A aula de Ana Amália me deixou pensando em termos classificatórios, numa busca por tornar as idéias claras e distintas, um vício cartesiano, que é difícil de descartar. O que eu vi naquela aula foi um exemplo de interdisciplinaridade, transdisciplinaridade ou uma volta à polivalência?

A última hipótese está descartada pois a tão combatida polivalência dos fins de 70 e da década de 80 não tinha nenhum racional teórico, nem os professores sabiam como começar. Pretendia-se em 2 anos preparar professores para ensinar música, dança, teatro, artes plásticas, desenho geométrico, tudo ao mesmo tempo. Ainda mais que vivíamos na época do alto modernismo que clamava pela especificidade de linguagem. As novas tecnologias modificaram o panorama cognitivo nas artes e a interdisciplinaridade se impõe. Temos, portanto, várias pessoas trabalhando juntas, cada uma com sua área de aprofundamento, mas tendo que conhecer o que todos conhecem, embora não no mesmo grau, para uma comunicação integrada em direção a resultados positivos.

Seria uma forma de *knowledge as a network* que amplia a ação da interdisciplinaridade.

Tradicionalmente a interdisciplinaridade partia de um centro, do tema, do conteúdo, do método etc.

O trabalho de Ana Amália não tem centro, não está centrado nem na professora. É uma espécie de tecelagem com dois fios condutores heterogêneos nos quais outros fios se interpenetram guiados por ideologia, história e método, muito diferente da cadeia linear na qual se pode identificar separadamente os conteúdos.

Neste relatório eu fiquei pensando em só me referir à arte, pois esta é minha *especialidade* (vício cartesiano), mas não dá para separar o inglês e a arte, ele compõem uma unidade multifacetada. Significados são construídos através do estabelecimento de relações entre imagens, palavras, objetos, conceitos e principalmente numa relação diferenciada mas não autoritária entre professora e aluna.

Quanto a definir como transdisciplinaridade a aula de Ana Amália, eu não sei. Mas não sei porque desconheço o que seja transdisciplinaridade na prática e na teoria. Nunca encontrei uma definição de transdisciplinaridade que me convencesse. Elas vão desde a definição de transdisciplinaridade como uma interdisciplinaridade bem feita até a afirmação de que a transdisciplinaridade se dá na ação da aprendizagem, portanto, na cabeça do aluno em resposta à interdisciplinaridade programada pelo professor.

Não abri a boca durante a aula, eu só anotava. Estava um pouco tímida porque nunca havia tido a experiência de observadora de uma aula que se resumisse a duas pessoas — a professora e a aluna — e com o compromisso de fazer um relatório. Também estava inibida porque sabia que meu relatório seria usado, não sei como, na tese de Ana Amália. Era medo de não ser significante o bastante para ajudá-la no que pretendia de mim ou supervalorização de tese ou dissertação".

Na observação da aula de F., Mrs. T. percebeu que já havíamos trabalhado o conceito de citação, tão caro à arte contemporânea. Sim, já havíamos discutido esta questão pelo prisma da reelaboração que o artista faz do mundo e das obras ao seu redor quando discutimos a arte pop, ou mais especificamente a obra de Andy Warhol. "... A utilização que os artistas fazem, em seus trabalhos, de imagens visuais pré-existentes não é uma invenção de nossos dias (...) Na Pop Art, trata-se de uma reelaboração de significado pelo uso de uma retórica (...) o artista pop usa a imagem industrializada. Mesmo quando um artista pop repete a imagem que um outro artista já representou, costuma fazê-lo de uma reprodução (...) Trata-se de uma reprodução da reprodutibilidade...".[1]

Ela observa, muito corretamente, que não houve um estímulo direto à descrição e posterior análise, como faria Feldman.

> A leitura da imagem (...) desenvolve as habilidades de ver, julgar e interpretar as qualidades das obras, compreendendo os elementos e as relações estabelecidas no todo do trabalho. Trata-se de "construir uma metalinguagem da imagem. Não é falar sobre uma pintura mas falar a pintura num outro discurso, às vezes silencioso, algumas vezes gráfico, e verbal somente na sua visibilidade primária. A leitura tanto de uma obra de arte como de um trabalho de aluno ou de uma imagem qualquer não deve se tornar um exercício mecânico, um questionário sobre as características do que é observado. Ler uma imagem é saboreá-la em seus diversos significados, criando distintas interpretações, prazerosamente.
>
> Há uma decomposição visual da imagem no momento da leitura e ao mesmo tempo uma interpretação pessoal do observador. Comparar imagens destacando semelhanças e diferenças é um estudo muito enriquecedor acerca da gramática visual, dos significados que as obras possibilitam, de sua sintaxe e do vocabulário próprio de cada linguagem.
>
> Uma imagem permite uma infinidade de leituras em função das relações que seus elementos sugerem. Nesse sentido, pode-se ler a mesma imagem a partir de uma abordagem gestáltica, semiológica, iconográfica, ou estética, dentre outros modos de apreciação.
>
> Esta diversidade de leituras não é excludente, ou seja, é possível ler uma imagem fazendo com que várias abordagens se interpenetrem, o que torna a apreciação mais rica. Para tanto, é imprescindível a presença da imagem em sala de aula.[2]

---

1. Barbosa, Ana Mae. *Tópicos utópicos*. Belo Horizonte, Editora C/Arte, 1998, pp. 65-66.

2. Pillar, Analise & Vieira, Denyse. *O vídeo e a metodologia triangular no ensino da arte*. Porto Alegre, Universidade Federal do Rio Grande do Sul/Fundação Iochpe, 1992.

No ensino da arte no Brasil, na leitura da obra de arte ou na apreciação, tem imperado o "... que os americanos denominam estudos empíricos das artes ou estética empírica que defende a idéia de que a consciência da experiência estética explicitada organiza os significados aqui e agora e que a mutabilidade desses significados depende muito mais da consciência interrogante que da mutabilidade histórica".[3]

Se pensarmos no estudo da estética como sendo o estudo das idéias sobre arte e a crítica como sendo uma maneira de *ver* arte, podemos dizer que a leitura da obra de arte é uma maneira de ver arte pensando sobre as coisas, pensamentos, idéias que a arte propõe ou leva a ter.

Mas o que é ver arte, melhor ainda, o que é olhar?

"Uma teoria completa do olhar (sua origem, sua atividade, seus limites, sua dialética) poderá coincidir com uma teoria do conhecimento e com uma teoria da expressão. Entretanto, até mesmo uma filosofia drasticamente empirista sabe que a coincidência de olhar e conhecer não pode ser absoluta, porque o ser humano dispõe de outros sentidos além da visão: o ouvido, o tato, o paladar, e o olfato também recebem informações que o sistema nervoso central analisa e interpreta. O vínculo da percepção visual com os estímulos captados pelos outros sentidos é um dos temas fundantes de uma fenomenologia do corpo. O olhar não está isolado, o olhar está enraizado na corporeidade, enquanto sensibilidade e enquanto motricidade".[4]

A segunda aula observada foi da aluna C., que começou a ter aulas de inglês e artes em agosto de 2001. Seu interesse é maior pela arte e pela produção. C. está no primeiro ano do Ensino Médio e gosta muito de arte, mais especificamente de dança. Ela tem um contato constante com arte já que sua mãe também trabalha na área. Ela já estudou inglês em cursos livres e iniciou com um nível de compreensão pré-intermediário mas com um nível de produção básico.

---

3. Barbosa, Ana Mae. *A imagem no ensino da arte*. São Paulo, Editora Perspectiva/Iochpe, 1991.

4. Bosi, Alfredo. Fenomenologia do olhar. In *O olhar*. São Paulo, Companhia das Letras, 1988.

Começamos a ter aulas de duas horas uma vez por semana no final de agosto de 2001. Tivemos, até o momento da observação, dez aulas, sendo que duas aulas foram fora da sala de aula, uma na exposição *Parade* realizada na OCA no Parque Ibirapuera e outra na minha exposição individual realizada no Centro Britânico.

C. ainda responde pouco em inglês mas compreende sem dificuldade tudo que é dito e lido em inglês. Costumo respeitar o *silent period* de meus alunos e dez aulas ainda é pouco para exigir que me respondam sempre em inglês. No entanto, faço questão de só falar em inglês com eles.

Na primeira aula de C. fizemos desenhos de observação de objetos cotidianos como o telefone, o prendedor de roupas e conversamos sobre os elementos da linguagem visual, na segunda aula conversamos sobre as possíveis carreiras e atuações para aqueles que se formam em arte e lemos um texto do livro de Rosalind Ragans, *Art Talk*. Na terceira e quarta aula experimentamos diferentes materiais e conversamos sobre diferentes técnicas nas artes visuais, relacionando-as a obras e artistas que a utilizaram. A aluna demonstrou interesse pela gravura e pela escultura. Como havíamos visto algumas exposições com esculturas antes mesmo de iniciarmos nossas aulas, a quinta aula foi dedicada a experimentar mexer com argila e ver esculturas. Já na sexta e na sétima aulas saímos da sala de aula e fomos à minha exposição individual e à exposição Parade.

No retorno de nossas visitas conversamos muito sobre o que significa produzir arte e como o conhecimento sobre outros artistas influencia o que nos propomos a produzir.

Quando convidei Mrs. T. para observar nossa aula estávamos discutindo há três aulas a técnica e o conceito de colagem a partir da colagem de Matisse que havíamos visto na exposição Parade. Esta foi uma das obras que chamou a atenção da aluna e começamos a falar da técnica e dos artistas que a utilizaram e a fazer colagem. Outras obras desta mesma exposição também chamaram a atenção de C. e serão trabalhadas futuramente.

A seguir as observações de Mrs. T. sobre a aula de C.:

> A aluna C., mais jovem (em torno de 16 anos) que a aluna F., está num estágio menos avançado em inglês e menos avançado em interpretação de arte e/ou leitura de imagem.

A aula começou com uma conversa em inglês por parte da professora e menos em inglês do que em português por parte da aluna, diferentemente da aula com F. quando só se falou inglês. Observei o cuidado da professora em deixar que as idéias fluíssem sem exigir nunca que a aluna falasse em inglês, deixando que dissesse umas frases em inglês, sempre as curtas, enquanto o pensamento mais complexo ela exprimia em português. Contudo, a professora quase sempre repetia em inglês o que ela havia dito em português, entretanto, de maneira que não cortasse o fluxo da conversa. Notei que algumas vezes a aluna mais adiante no diálogo disse em inglês o que tinha dito antes em português e havia sido repetido pela professora em inglês.

Trata-se de uma aluna que teve poucas aulas com Ana Amália, umas oito aulas, (desta vez perguntei). Ana Amália estava ainda com ela na fase de mapear o campo de referências, pois a conversa começou com a pergunta acerca do que a aluna estava fazendo na aula de arte na escola.

Depois que a aluna esclareceu que sua tarefa na escola era representar uma cena do livro da lenda do Santo Graal, estando as disciplinas de português e artes visuais trabalhando naquele momento juntas no mesmo assunto, ousei perguntar se havia projetos de arte independentes.

Fiz a pergunta em inglês e C. me respondeu em português, desta vez sem misturar com frases curtas em inglês, como estava fazendo ao responder à professora. Contou que trabalhou todo um semestre com obras de Picasso em leituras variadas, desde tomar um pedaço e ampliar ("enlargement", repetiu a professora, por exemplo), recortar várias partes e fazer outra composição, mudar cores, pintar de uma só cor em diferentes tons etc. Disse-me, ainda, com uma ponta de orgulho, que seu professor, Gilberto Marioti, havia exposto este ano no Panorama do MAM. Ela havia visitado com Ana Amália o Panorama. Entendi que a professora costuma visitar exposições com os alunos, discutindo em inglês as obras.

Ela mostrou seu último trabalho na escola para Ana Amália que, com sua contenção, não comentou nada, mas perguntou: "Have you seen Odilon Redon?". Identificaram numa pintura de Redon um cíclope, viram e comentaram diferentes pinturas do artista. O último trabalho da aluna em seu simbolismo podia ser associado pelas formas etéreas e pela cor ao trabalho de Redon. Este caminho que parte do trabalho do aluno para a contextualização histórica e leitura de obras de arte penso que é ideal para se demonstrar que não deve haver fixidez de procedimento nem na Abordagem Triangular nem em nenhuma outra abordagem metodológica. O fazer primeiro seguido de contextualização comparativa, quer seja por semelhança ou diferença, é, para iniciantes, muito interessante pois reforça seus modos de fazer associando-os a um artista reconhecido dentro de sua cultura e, portanto, reforça também identificações culturais. O aluno não sai com a falsa idéia de que se cria do nada e descobre que a formulação de uma linguagem própria inclui o conhecimento de outros que fizeram antes dele.

Depois disto Ana Amália lembrou-a: "you have a collage to finish", e entregou a C. um trabalho iniciado na aula anterior. Antes que ela recomeçasse, entretanto, abriu o livro de Walter Robinson, *Instant art history: from cave art to pop art* e leu um trecho (em inglês) sobre *Os três músicos* de Picasso. Leu em voz pausada diante da reprodução da obra de Picasso que o livro não identifica se é de *Os três músicos* que pertence ao museu de Arte Moderna de Nova York ou se é do que pertence ao Museu da Pensilvânia. Achei muito bom levar a aluna a ouvir um texto curto bem escrito e bem lido em inglês, procurando habituá-la a ouvir e entender inglês. Embora em inglês, o texto lido trazia em francês a primeira expressão usada para identificar colagem no modernismo, a expressão *papier-collé*, o que foi interessante para fazer notar a relação entre língua, cultura e história. O crítico manteve em francês a designação da técnica denotando sua criação na França. Realmente durante muitos anos se usou a expressão francesa em todos os países.

Foram assim apreendidas uma noção histórica sobre arte e uma comparação da construção de sentido em duas línguas, que vai muito além da mera tradução.

As duas versões de *Os três músicos* de Picasso tratam a pintura como se fosse colagem. Nestas obras Picasso simula colagem na pintura. Frente à tela a simulação é identificável e confirma a maestria técnica e o bom humor do artista, mas em reprodução em um livro a obra é confundida com colagem. A partir de uma pintura *based on principles of collage* (expressão da professora) de um artista muito conhecido pela aluna, Ana Amália convidou-a para verem juntas um catálogo de uma exposição de colagens de artistas famosos, organizada uns 10 anos atrás pelo Consulado Alemão em São Paulo (*O Princípio Colagem*). Procurou junto com a aluna identificar variáveis da colagem, como fotomontagem (Man Ray), *assemblage* (Bispo do Rosário), *appropriation of machines* (Tinguely). Estes termos eram reforçados e, usando diferentes estratégias Ana Amália fazia C. repeti-los em inglês, nunca simplesmente convidando-a a repeti-los. Uma das estratégias era mostrar uma reprodução e fazê-la tentar identificar a subcategoria de colagem na qual se encaixava, dizendo-a em inglês. A aluna chegou à idéia de colagem como *gluing things*. Então, Ana Amália entregou a ela uma página que havia tirado da internet, onde se evidencia o conceito de colagem como *adhering*, mais amplo que o de *gluing*, e recomendou que a aluna o lesse em casa.

A professora colocou um CD e ligou o aparelho de som, com uma música em inglês, da trilha sonora de um filme recente. A aluna, que assistira ao filme, identificou a música. Ana Amália conversou com ela sobre o filme e mostrou o livro, *O Diário de Bridget Jones*, em inglês, no qual o filme se baseou. Ofereceu para ela ler nas férias mas C. não se entusiasmou muito, não respondeu, talvez imaginando que seria ainda difícil vencer a tarefa de ler um romance em inglês.

Enquanto a aluna retirava papéis coloridos da bolsa, Ana Amália leu para ela um diálogo do livro.

Achei muito interessante como a professora encadeou vários meios para levar a aluna a uma imersão em arte e em inglês. Usou dois livros de arte, material da internet, música, romance, portanto, leitura visual e textual e o som, isto é, literatura, música, novas tecnologias, artes plásticas, teoria e prática cadenciadamente interligadas.

C. recomeça sua colagem. Já havia um trabalho bem estruturado sobre papel grande. Era uma colagem de imagens de revistas. Presidindo o espaço havia uma obra de Frida Khalo ladeada não simetricamente por diferentes seções, cada uma constituída por uma categoria de objetos em seqüência que tem o México como referência. Exemplo: vários pimentões repetidos formavam como uma frisa, outra seção de uma coleção de bonecas se seguia. Havia seções de frutas e de vestidos explorando cada uma o uso da seqüencialidade, tão constante na arte contemporânea. Mas, de repente, por entre referências à cultura mexicana, gritava no trabalho uma seqüência de peças de biquínis sobre preto, numa alusão ao tempo e suas disparidades muito mais do que ao local de uma cultura... A aluna trouxe já recortadas de revistas algumas imagens para colar, o que demonstrou a seriedade com que ela encarava seu trabalho e a responsabilidade de terminá-lo.

De uma aula para outra tinha havido preocupação, reflexão sobre o trabalho para buscar imagens que o completassem. O olhar respeitoso da professora acompanhando com uma postura de empenho, cuidando do ambiente em que o trabalho iria se desenvolver estabelecia um diálogo de atitudes interessadas entre as duas, diálogo de nutrição estética.

As duas aulas tiveram em comum a mesma atitude de diálogo que se desenrolava naturalmente entre a professora que conhece os seus conteúdos e prepara a aula e a aluna que, embora um pouco inibida pela presença da observadora, se engaja

> na conversa, na busca de significados, na construção de sentido e na elaboração das imagens.
>
> Diálogo e transparência foram as características das duas aulas a que assisti. Não havia da parte da professora nenhuma intenção de esconder que havia preparado a aula, assim como não havia nenhum determinismo rígido de etapas a seguir. Por exemplo, na aula de C. a professora voltou ao catálogo *O Princípio Colagem* quase ao fim da aula para mostrar Rauchenberg, dando exemplo de fotomontagem e *assemblage* ao mesmo tempo em uma obra.
>
> Entretanto, as estratégias usadas nas duas aulas diferiram muito. Com F., uma aluna em estágio intermediário, a professora privilegiou na área de arte a interpretação e, na área de inglês, além do enriquecimento do vocabulário, privilegiou o exercício da fluência insistindo em levá-la a falar.
>
> Com C., uma aluna iniciante, a professora privilegiou em arte o fazer e a ampliação do campo de referências da aluna sobre seu próprio fazer e, em inglês, privilegiou a escuta e a construção de vocabulário. Com C. empregou uma multiplicidade de meios e com F. se concentrou na fala e na imagem.
>
> A versatilidade da professora em adequar suas estratégias às fases de desenvolvimento de cada uma das alunas, tendo em vista os dois conteúdos, não se aprende em livro, se conquista pela experiência, pela reflexão sobre a experiência, pelo esforço de categorizar a prática cotidiana e teorizar sobre ela, sem certezas, com humildade questionadora e espírito inquieto.

Mais uma vez parece ter impressionado muito a observadora, o clima da aula, o diálogo respeitoso para a construção de conhecimento. Diálogo este que é centrado no aluno, nas suas dúvidas, no seu ritmo. Mais uma vez percebo o quanto o ateliê influi, o ambiente. A sala de aula de língua estrangeira é tradicionalmente fria e impessoal, o ateliê não. O ateliê conta muitas histórias através das imagens dispostas. Ele tem uma informalidade que a sala de aula em geral não possui e nele podemos nos dar o direito do tempo de aprendizagem ser o tempo de produção, ou seja, enquanto o aluno recorta e cola ele pode pensar sobre como irá falar isto ou aquilo. Este tempo não existe na sala de aula de línguas, mas no ateliê ele é extremamente necessário. É o tempo da criação.

Foi muito emocionante ler este relatório feito por minha colega de artes, em primeiro lugar pelo respeito profissional que tenho ao trabalho dela e em segundo lugar por ela ter levantado pontos que nem sempre tenho a certeza de estar atingindo.

O trabalho de um professor particular é muito solitário, o meu mais ainda, pois não tenho interlocutores para discutir minhas dúvidas de como fazer isto ou aquilo já que estou inventando à medida que vou vivendo a experiência. No entanto, vou baseando meu trabalho nas experiências previamente vividas, quer seja no ensino formal de artes ou no de inglês.

O uso de diversas estratégias, vídeo, internet, livro, som, imagem, não é novidade no ensino de línguas. Todas as boas escolas de inglês que conheço trabalham desta maneira. Especialmente em uma aula de longa duração, como é o caso da aula de C., que é de duas horas.

Existem vários autores que tratam a questão da utilização de imagens no ensino de línguas. Andrew Wright, em seu livro *Pictures for language learning*, por exemplo, indica várias possibilidades para o uso de imagens. No entanto, nem uma vez o autor se refere ao uso de obras de arte, mas sim a imagens de revistas ou desenhos do próprio professor. Na escola em que leciono hoje, o Centro Britânico, temos caixas e mais caixas de imagens, organizadas por tópicos, todas retiradas de revistas.

A música sempre foi um recurso muito utilizado no ensino de línguas, não pela linguagem musical, mas pelas letras a serem transcritas ou traduzidas. Assim como a imagem é utilizada apenas para ilustrar a palavra, a música tem sido utilizada para ilustrar a fonética da palavra falada. No entanto, a linguagem musical tem muito a dizer a respeito da cultura de um povo e da época em que surge. O *jazz*, o *rap*, o *funk*, a bossa nova, o *rock and roll*, o axé e tantos outros estilos falam de épocas diferentes e fora de seus contextos não dizem muito. Elvis Presley, para os adolescentes de hoje, chega a ser ridículo, suas músicas são baladas e seu rebolado não é nada perto dos dançarinos de hoje. No meu trabalho teço estas relações, tento sempre apresentar a música dentro de seu contexto e compará-la com outros estilos, outras épocas, outros cantores e bandas.

A imagem móvel do cinema, as referências que uma obra cinematográfica pode deflagrar são enormes. No meu trabalho costumo buscar filmes que façam referência ao mundo da arte como, por exemplo: *Thomas Crown*, *Festa de Babete*, *How to make an American Quilt*, *Sonhos*, de Kurosawa.

A internet é hoje minha favorita, quer seja para preparar aulas ou na própria aula com meus alunos. A rede é uma fonte infinita de informações com muitas possibilidades de uso.

O contato com a língua deve ser constante, mesmo que o aluno ainda produza respostas em sua língua materna. Dessa forma ele terá o *input* necessário para produção. *Input* nas duas áreas, de forma integrada.

A construção do conhecimento se dá a partir do que apresentamos ao aluno. É importante nutrir nosso aluno esteticamente e possibilitar experiências significativas respeitando seu nível de conhecimento, seu interesse e sua faixa etária.

5

Conclusões

A lição de pintura

Quadro nenhum está acabado,
disse certo pintor;
se pode sem fim continuá-lo,
primeiro, ao além de outro quadro
que, feito a partir de tal forma,
tem na tela, oculta uma porta
que dá a um corredor
que leva a outra e a muitas outras

João Cabral de Melo Neto

Segundo o *Dicionário Aurélio da Língua Portuguesa* a palavra diário, entre outras coisas, é uma "obra *em que se registram, diária ou quase diariamente, acontecimentos, impressões, confissões*" e a palavra experiência é "a prática da vida".

O hábito de registrar minha vida em um diário foi adquirido com as primeiras escritas. Era uma maneira de refletir sobre o que havia acontecido e de guardar momentos queridos na memória. Quando começamos a lecionar, este hábito é levado para o diário de classe, ou caderneta, ou registro de aulas. Acrescentei a este hábito mais uma mania. Registrar trabalhos e alunos trabalhando por meio de fotografias.

Sempre acreditei que o bom professor é aquele que reflete a respeito da sua experiência em sala de aula diariamente e reestrutura, repensa, reorganiza de acordo com o contexto de seu aluno, de sua escola, de si mesmo. Para tanto é preciso registrar.

Lembro-me de que minha primeira coordenadora pedagógica costumava dizer que para ser um bom professor é preciso "saber", mas, acima de tudo, é preciso "saber ser" professor. Hoje lecionando no curso de Pedagogia, pergunto-me sobre este saber ser diariamente. Não basta saber as teorias e metodologias, não basta saber o conteúdo, é necessário saber quem são nossos alunos, quem somos nós, pensar sobre nossa aprendizagem e como se dá a aprendizagem de modo geral.

Passei a refletir sobre o saber que diferentes disciplinas proporcionam ao aluno e como estes diferentes saberes se inter-relacionam, no mundo do aluno.

"A experiência ocorre continuamente, porque a interação da criatura viva com as condições que a rodeiam está implicada no próprio processo da vidas (...) temos uma experiência quando o material experienciado segue seu curso até sua realização. Então, e só então, ela é integrada e delimitada, dentro da corrente geral da experiência, de outras experiências (...) seu fim é uma consumação e não uma cessação. Tal experiência é um todo e traz consigo sua própria qualidade individualizadora e sua auto-suficiência. É uma experiência".[1]

Este trabalho é repleto de minha experiência de vida, que me levou a ter atitudes interdisciplinares, transdisciplinares que, por fim, levaram-me a pensar acerca de um ensino integrado.

Todos os dias quando entro em sala de aula, vejo possibilidades de continuidade. Todas as aulas me alimentam para uma reflexão acerca desta experiência. Mas o recorte é necessário.

O trabalho que realizei com E. e M., iniciado em 1996 e finalizado em 1999, levou-me a pensar sobre certas questões: atmosfera de sala de aula; alfabetização — visual e cultural; aprendizagem em arte e em língua estrangeira e a utilização desta experiência em outros contextos.

---

1. Dewey, John. *A arte como experiência*. São Paulo, Editora Abril, 1980, capítulo III. (Coleção Os Pensadores)

A atmosfera em sala de aula, muitas vezes, é tensa. Existe uma relação de poder, onde o professor possui o saber e os meios para aprovar ou não um aluno. É comum haver problemas de disciplina, os alunos testam o professor e o professor comumente se coloca de forma autoritária. Nas aulas observadas e relatadas neste trabalho, a atmosfera de trabalho e compromisso com a aprendizagem, é evidente. O ateliê favorece um clima descontraído, onde as conversas corriqueiras consideradas paralelas podem e devem acontecer. Em uma das aulas, por exemplo, pouco foi dito a respeito de artes plásticas mas a conversa, toda em inglês, foi uma "sessão de fofocas".

Começamos a aula discutindo quais seriam as músicas que iríamos ouvir, durante o trabalho. Em todas as aulas em que havia produção plástica, escolhíamos um grupo ou CD para ouvir.

T: What do you want to listen to?

E: Hã... I don't know...

T: Lauren Hill, Janet Jackson, Madonna, Bob Marley...

E: Qual é a mais variada?

T: Baywatch.

E: No!

T: I knew you were going to say that, but it is nice...

E: No!

Enquanto decidíamos sobre a música a aluna me perguntava como proceder com o seu trabalho plástico:

T: You need a little thing to mix.

E: Qual?

T: What? Sorry?

Escolhemos Madonna para ouvir e ao mesmo tempo em que a aluna cantava, acompanhando o CD, ela desenhava:

E: Do I have to finish my drawing?

Uma das conversas comuns era a respeito de namorados e meninos em geral, já que são duas alunas adolescentes:

T: So, what about the boyfriend, E.?

E: Hum...

T: No boyfriend? No one interesting?

E: There is... a boy there...

T: Don't you like him? Why?

E: I like him, but it will be a big problem.

T: Well, you have to take risks, sometimes.

E: No, I know. Rafael is the name.

T: Ah! Rafael!

E: Yeah, he is in jundiaí.

T: And you are going to Jundiaí on Sunday?

E: Yeah.

T: Good luck.

E: He is the young brother.

T: So...

E: Nothing, he is younger...

T: Younger men are much more interesting...

E: Médio.

T: Specially when you get 30...

E: Há, Há!

T: No, I am kidding. The best age for men are thirty something.

E: Paulinho has 30, 33.

T: Paulinho?

E: Yeah, but you can't say anything...

T: That he is younger...

E: She doesn't know.

T: Ah, he is from school, don't worry. She doesn't know?

E: Hum, hum.

T: Why not?

E: Nobody except you.

T: Ok

E: Não tem nada a ver!

T: Is he fun?

E: He is very, very, very nice.

T: Is he fun?

E: I love to talk.

T: I love talking to.

E: It is incredible. So, yesterday, fred was making fun of Chiquinho... That's a problem, because I like both.

T: You like both?

E: Yeah, I don't know, I just like them...

E: He is cute.

T: Handsome?

E: No, he is cute.

T: All the best. Is he charming?

E: Yes.

T: Hum. So, he is intelligent, he is cute, he is charming, and how much younger is he?

E: Fifteen.

T: And you are sixteen.

E: Yeah.

T: Big difference!

E: In my age it is a lot...

Barulhos de papel e materiais e música ao fundo.

Voltamos a conversar sobre o trabalho que estávamos fazendo quando a aluna pede dicas de utilização da cor.

E: What color can i put here to... Dark?

T: Try using the same color, adding a little bit of black.

But yesterday... Too much, it is too much! No... mix in the cup...

E: Nessa?

T: Black ink is terrible.

Terminamos a aula trocando informações sobre restaurantes japoneses.

T: So, did you like the restaurant?

E: Yeah, why? What?

T: The problem is... I can't stand going to Hinodei. Every year, same place, bla, bla... it is getting on my nerves.

E: I liked it.

T: Yeah, it is a nice place but... It is not the best. You have to go to the place i went to the other day, my god... I never ate sushi so fresh! Really fresh... It is called sushi papaya. Villaboim.

T: Ah! Eu sei! Villaboim. Eu já comi lá! Uma delícia! Oh!

T: I never ate so much sushi in my life.

A aluna parece ter terminado o trabalho e pergunta a opinião da professora.

E: Tá bom, Não?

O interessante é que nessa "sessão de fofocas", falou-se inglês praticamente o tempo todo e a aluna ia desenvolvendo seu trabalho enquanto conversávamos. Os assuntos variados, namoro, comida, escola, possibilitam ao aluno adquirir um vocabulário bastante flexível e rico.

Aquisição de vocabulário é sempre uma questão espinhosa no ensino de línguas. O seguinte comentário de minha colega de artes me fez pensar mais uma vez sobre este assunto: "(a aluna) fez uso de termos eruditos. Era curioso pois, pelo nível de fluência, se esperaria o uso de palavras mais corriqueiras, mas, além de usar termos do cotidiano, a aluna dominava um vocabulário muito rico".

Mais uma vez recorro à minha experiência: recentemente tive uma aluna da universidade que veio me perguntar acerca de certos temas e nomes desconhecidos no texto que eu havia dado, e um deles era Capela Sistina. Fiquei perplexa ao perceber que a aluna não sabia o que era a Capela Sistina. A Capela

Sistina, a Monalisa, a Torre Eiffel, e tantos outros monumentos e obras de arte fazem parte da herança cultural do mundo ocidental, e, como tais, deveriam constar da educação de todos e não apenas da elite cultural.

"A alfabetização cultural básica no mundo contemporâneo requer um conhecimento de certos termos conhecidos por todas as pessoas alfabetizadas no mundo, qualquer que seja a língua por elas falada. Este léxico central da educação moderna inclui um vocabulário básico de história mundial, geografia, ciências físicas e biológicas".[2]

Não é apenas o conhecimento acerca dos monumentos e obras de arte, mas o conhecimento da história mundial, da história do nosso país, das mudanças geográficas que ocorrem devido a brigas por território, por religiões, por etnias. O conhecimento das pesquisas genéticas, genomas, clones etc. O que seria da humanidade se estes conhecimentos não fossem compartilhados e adquiridos pela população em geral? Se não estivermos cientes do que já foi feito, dos erros e acertos da humanidade, como podemos ir adiante?

Além disso, termos consciência de nosso valor cultural, como região, como país, como nação, é crucial para que acreditemos em nós mesmos, individual e coletivamente. Na aprendizagem da geografia começamos por nosso bairro, depois a cidade, o estado, o país e por fim o universo. Começamos tratando daquilo que é mais próximo e partimos para a compreensão de um mundo muito maior.

O vocabulário erudito a que minha colega de artes se referiu é o vocabulário que vem acrescido de um conhecimento cultural. A palavra não é apenas uma junção de letras, ela tem significado, freqüentemente mais de um.

"Todas as classes sociais têm o direito de acesso aos códigos da cultura erudita porque esses são os códigos dominantes — os códigos do poder... A mobilidade social depende da inter-relação entre os códigos culturais das diferentes classes sociais".[3]

---

2. Barbosa, Ana Mae. *Tópicos utópicos*. Belo Horizonte, Editora C/Arte, 1998.

3. Hirsch, E. D. *Cultural literacy — what every American needs to know*. New York, Vintage Books, 1988.

A alfabetização cultural se dá também através de uma alfabetização visual. Mas o que vem a ser isso?

"Neste país, onde se ganha eleição por meio da televisão, a leitura crítica da imagem e de sua relação com o discurso verbal instrumentalizaria mais amplamente para o aprender a aprender".[4]

Após o término das aulas a aluna M. me mandou um bilhetinho no qual agradecia as aulas e por eu tê-la ensinado a ver. Fiquei profundamente emocionada com o bilhete e pensando sobre o que significa ensinar alguém a ver. Ver é um ato natural do ser humano. Quando falamos de alfabetização visual não estamos pensando apenas no ato de ver, mas no ato de interpretar e compreender aquilo que se vê.

"Só os visualmente sofisticados podem elevar-se acima dos modismos e fazer seus próprios juízos de valor sobre o que consideram apropriado e esteticamente agradável (...) Na verdade, o alfabetismo visual impede que se instaure a síndrome das 'roupas do imperador'[5] e eleva nossa capacidade de avaliar acima da aceitação (ou recusa) meramente intuitiva de uma manifestação visual qualquer".[6]

No meu trabalho busco realizar esta alfabetização visual em conjunto com a alfabetização verbal. Poderia buscar outras junções, outras inter-relações de linguagens. A arte e a história, a arte e a geografia, a arte e a matemática, o inglês e a matemática, o inglês e a história, existem várias possibilidades. Busquei a relação que mais me atrai, busquei a relação que compreendo na minha própria aprendizagem.

Após o término das aulas relatadas, em 1999, busquei novas experiências e fiquei feliz ao perceber que é perfeitamente possível trabalhar desta maneira, integrando artes e inglês, com grupos em escolas. Em 30 de novembro de 2001, na Escola Seven, tive a grata experiência de ministrar uma aula a respeito da

4. Barbosa, Ana Mae. Cartas. *Revista Pesquisa*. São Paulo, Fapesp, n. 74, p. 4, abril 2002.

5. As "roupas do imperador" se refere ao conto de fadas de Hans Christian Andersen em que o imperador fica nu diante de toda a corte, por receio de dizer que não está vendo a roupa para ele confeccionada, e só uma criança do reino tem coragem de afirmar que o rei estava nu.

6. Dondis, Donis A. *Sintaxe da linguagem visual*. São Paulo, Editora Martins Fontes, 1997.

artista Bárbara Kruger. E, no início do ano letivo de 2002, repeti a experiência com um grupo de alunos da escola de inglês Centro Britânico.

Começamos conversando a respeito da mulher e do respeito ou não respeito que se dá ao corpo feminino, em seguida apresentei uma obra de Bárbara Kruger (foto 29).

Foto 29

Fizemos uma leitura, perguntei a eles o que viam e o que entendiam do que estavam vendo, como interpretavam esta imagem. Foram 20 minutos de conversa. Em seguida apresentei outras obras de Bárbara Kruger e um pequeno texto biográfico retirado da internet.

Por último apresentei algumas das afirmações utilizadas pela artista e pedi que realizassem, em duplas, colagens utilizando como tema uma destas citações (fotos 30 e 31):

Foto 30

Foto 31

Memory is your image of perfection
If you can't feel it, it must be real
I shop therefore I am
When I hear the word culture I take
out my checkbook
Do I have to give up me to be loved
by you?
You are not yourself

Trabalhar de forma integrada com o inglês e as artes plásticas é perfeitamente possível com grupos maiores e em escolas.

Nestes dois grupos com os quais testei a minha "hipótese" pude perceber um grande envolvimento dos alunos, com o tema da discussão, com a leitura da imagem e com a produção. Os alunos conversaram em inglês o tempo todo e produziram imagens a partir da leitura da obra de Bárbara Kruger.

Na época em que dei estas aulas, uma obra da artista estava exposta na cidade de São Paulo, mais especificamente no SESC Pompéia, mas nenhum aluno conhecia a artista ou sua obra.

Através dos comentários dos alunos, após a aula, pude perceber que se sentiam felizes pois a aula tinha sido relaxante, eles não tinham visto o tempo passar e tinham sido apresentados a uma artista nova para eles.

Mas não é só isso. O envolvimento dos alunos foi total, em nenhum momento tive que pedir que falassem em inglês. A imagem "falava" muito e falava em inglês, o português foi desnecessário. Produzir arte é uma maneira de expressar, e essa expressão não precisa ser explicada mas pode ser interpretada. Na interpretação precisamos verbalizar mas por que iríamos verbalizar, em português algo que já se encontrava em inglês?

A integração entre a palavra e a imagem que Bárbara Kruger propõe é muito semelhante à integração que proponho entre a linguagem verbal e a visual. Não é descritiva, como encontrei em alguns livros didáticos, não é literal, uma completa a outra.

Neste trabalho procurei relatar uma prática pedagógica de integração de disciplinas: o inglês como segunda língua e as artes plásticas.

Em primeiro lugar levantei as teorias que o fundamentam em relação à interdisciplinaridade, transdisciplinaridade e integração. Levantei também as teorias que embasam o meu credo pedagógico, as teorias em relação ao ensino de línguas e ao ensino de artes inseridas em um contexto da educação como um todo.

Em seguida relatei minha experiência e as observações de minhas colegas, professoras de inglês e de artes.

Por fim refleti acerca da experiência à luz das abordagens de Krashen, de Ana Mae e das teorias de interdisciplinaridade, transdisciplinaridade e integração.

Concluir este trabalho não é tarefa fácil, talvez porque o vejo sempre com possibilidades de continuidade, a cada aula que preparo, a cada aula que dou. Assim como o artista em seu ateliê, que dá soluções para cada composição mas continua buscando "the ultimate painting", ou a obra-prima, eu continuo buscando. Este trabalho é um recorte de uma experiência, é a história desta experiência. É *um* quadro, mas sempre haverá outros quadros.

Posfácio

O pensador cultural Homi Bhabha (1995[1]) faz uma distinção importante entre uma postura crítica *inter*disciplinar e uma postura crítica *trans*disciplinar: na primeira, o crítico se localiza claramente numa determinada disciplina de origem e busca em outras disciplinas subsídios para entender e/ou explicar fenômenos que lhe interessam; esses subsídios novos, porém, são trazidos para e transformados pela disciplina de origem do crítico; a disciplina de origem do crítico e a identidade disciplinar do crítico, apesar de se beneficiarem dos subsídios novos, não se alteram. O *status quo* da disciplina permanece intocado. Por outro lado, na postura *trans*disciplinar, segundo Bhabha, o crítico busca subsídios novos em outras disciplinas e procura trazê-los de volta a sua disciplina de origem para que essa possa se transformar, ora alimentada por esses insumos novos, gerando assim novos conhecimentos, novas posturas e novos objetos de estudo.

Poucos são os pesquisadores que tomam a coragem de enveredar por esses caminhos novos transdisciplinares sem se apoiar em metodologias já existentes e seguras que aparentemente podem garantir resultados almejados. A Ana Amália Tavares Bastos Barbosa é dessa estirpe criativa de pesquisador. Em sua pesquisa de mestrado, ela optou por uma postura inovadora e transdisciplinar que agora resulta neste livro.

---

1. Translator translated. (interview with cultural theorist Homi Bhabha) by W. J. T. Mitchell, *Artforum* v. 33, n. 7 (March, 1995):80-84.

Metodologias de ensino de línguas estrangeiras abundam, pautadas nas teorias lingüísticas e educacionais; a Ana Amália, partindo de suas múltiplas identidades de professora de língua estrangeira, artista plástica e arte-educadora resolveu estabelecer um diálogo entre essas várias identidades para surgisse uma nova metodologia de ensino-aprendizagem de língua estrangeira. Embora devidamente pautada em e informada pelas diversas teorias de ensino-aprendizagem de línguas, pelas teorias de arte-educação e pelas teorias de pesquisa etnográfica e qualitativa, foi acima de tudo a intuição e criatividade da artista plástica Ana Amália que a norteou nesse percurso do novo, do experimental e do inesperado.

A pesquisa adotou uma metodologia qualitativa e etnográfica, e considerando que o foco do estudo foi o trabalho didático-pedagógico-criativo da Ana Amália e de uma sua aluna, pode se dizer que se trata de certa forma de um estudo reflexivo auto-etnográfico. A Ana Amália garantiu a triangulação de olhares sobre o mesmo objeto em análise e convidou, em momentos diferentes ao longo do estudo, colegas suas para observar e relatar essa sua prática pedagógica inovadora.

A ousadia da pesquisa consistiu em aproximar com grande destreza teorias didático-pedagógicas de duas disciplinas normalmente tidas como distintas e não relacionadas — a língua estrangeira e as artes visuais. Ana Amália seleciona e elege, na bibliografia de cada disciplina, o conceito de *natural approach* de Steven Krashen da disciplina de língua estrangeira e o conceito de *abordagem triangular* de Ana Mae Barbosa da disciplina de Artes Visuais. Esses dois conceitos são justapostos e contrapostos de forma a sugerir uma metodologia integrada do ensino simultâneo de artes visuais e língua inglesa.

Elegendo a metodologia etnográfica para seu estudo, com as perspectivas qualitativas não diretivas e o respeito pela cultura e a comunidade estudada, Ana Amália mantém uma coerência com os princípios do *natural approach* de Krashen (1983[2]) para o ensino da língua estrangeira que propõe princípios semelhantes.

---

2. Krashen, Stephen D. and Tracy D. Terrell. 1983. *The natural approach: Language acquisition in the classroom.* Hayward, CA: Alemany Press.

De forma extremamente inovadora, a Ana Amália transfere o conceito de *silent period* desenvolvido por Krashen como parte do *natural approach* para o seu contexto de análise. Esse conceito normalmente refere-se à fase no processo de aquisição da língua estrangeira, quando o aprendiz apenas absorve todo o *input* ao qual é exposto na língua estrangeira sem, no entanto, produzir ou enunciar nenhuma palavra dessa língua. Passada essa fase, o aprendiz chega a um momento de prontidão quando repentinamente começa a enunciar elementos da língua estrangeira á qual ele foi exposto. De uma fase aparentemente passiva e não produtiva, o aprendiz passa para uma fase produtiva e interativa. Esse período silencioso, nada passivo, considerando que o aprendiz está de fato absorvendo e processando os vários inputs aos quais é exposto, constitui normalmente, no contexto da sala de aula, um problema didático para o professor de língua estrangeira; o professor normalmente entende que se não há nenhuma produção visível da língua estrangeira, não está ocorrendo nenhuma aprendizagem; com isso o professor tende a aumentar os inputs da língua estrangeira e a pressão sobre o aprendiz para produzir a língua estrangeira. O resultado disso é que a fase silenciosa — *a silent phase* descrita por Krashen como sendo essencial para o processamento da língua estrangeira pelo aprendiz — se estende, produzindo frustração tanto para o professor quanto para o aprendiz.

No estudo de Ana Amália, enquanto ela persiste no ensino da língua estrangeira, ela faz com que sua aluna preencha esse período crítico — *silent period* com as atividades de produção de artes visuais, fazendo com que ao mesmo tempo em que a aprendiz continua exposta aos insumos da língua estrangeira — embora não os produza visivelmente — ela continue *produzindo* palpável e visivelmente, seus trabalhos de artes visuais. Ana Amália comprova, com o registro da produção de elementos da língua inglésa, mais tarde ao longo do processo, a importância dessa fase crítica no processo de ensino-aprendizagem da língua estrangeira. Para a aprendiz, a frustração dessa fase silenciosa é minimizada e quase passa despercebida e com isso garante o sucesso de sua aprendizagem. Ao cercear a aluna no atelier com os vários objetos de artes visuais que ela mesma criou durante essa fase silenciosa, Ana Amália consegue transformar essa fase em algo visivelmente produtiva e com isso manter a atenção e motivação do aprendiz; numa sala de aula comum isso não aconteceria, e essa mesma fase silenciosa seria percebida como algo deficitária e não produtiva, confundindo o aprendiz e atrasando a aprendizagem.

Com esse estudo, comprovando a importância da fase silenciosa, Ana Amália faz uma contribuição inovadora, fundamental e valiosa para o ensino da língua estrangeira, ao mesmo tempo em que comprova os resultados benéficos que podem ser alcançados por estudos transdisciplinares.

Prof. Dr. Lynn Mario T. Menezes de Souza
Depto. de Letras Modernas — FFLCH-USP

Bibliografia

BARBOSA, Ana Mae. *A imagem no ensino da arte*. São Paulo/Porto Alegre: Perspectiva/ Fundação IOCHPE, 1991.

_______. (org.). *Arte-educação: leitura no subsolo*. São Paulo: Cortez, 1997.

_______. *Arte-educação no Brasil*. São Paulo: Perspectiva, 1986.

_______. *Conflitos e acertos*. São Paulo: Max Limonad, 1984.

_______. *Recorte e colagem*. São Paulo: Cortez, 1989.

BARBOSA, Joaquim Gonçalves (coord.). *Multirreferencialidade nas ciências e na educação*. São Carlos: UfScar, 1988.

BOCHNIAK, Regina. *Questionar o conhecimento. Interdisciplinaridade na escola... e fora dela*. São Paulo: Loyola, 1992.

BOGDAN, R. & TAYLOR, S. J. *Introduction to qualitative research methods*. New York: Wiley-interscience, 1975.

CELANI, M. A. A. (org.). *Ensino de segunda língua: redescobrindo as origens*. São Paulo: EDUC-PUC/SP, 1997.

CLIFFORD, James. *The predicament of culture — twentieth-century etnography, literature and art*. Cambridge/London: Harvard University Press, 1988.

D'AMBRÓSIO, U. *Transdisciplinaridade*. São Paulo: Palas Athenas, 1997.

DERRIDA, J. *A escritura e a diferença*. São Paulo: Perspectiva, 1971. (Coleção Debates.)

DEWEY, John. *Art as experience*. New York: Perigee Books, 1980.

DOMINGUES, I. (org.). *Conhecimento e transdisciplinaridade*. Belo Horizonte: UFMG, IEAT, 2001.

DOMINGUES, I. *Mi pedagógico credo*. Buenos Aires: Losada, 1944.

ECO, U. *Interpretação e superinterpretação*. 2. ed. São Paulo: Martins Fontes, 1997.

ELLIS, R. *Understanding second language acquisition*. Oxford: Oxford University Press, 1990.

FAZENDA, Ivani (org.). *Dicionário em construção: interdisciplinaridade*. São Paulo, Cortez, 2001.

______ (org.). *Didática e interdisciplinaridade*. Campinas: Papirus, 1998.

______. *Interdisciplinaridade: história, teoria e pesquisa*. Campinas: Papirus, 1994.

______ (org.). *Metodologia da pesquisa educacional*. 6. ed. São Paulo: Cortez, 2000.

______ (org.). *Práticas interdisciplinares na escola*. São Paulo: Cortez, 1979.

FERRARA, L. D. *Leitura sem palavras*. São Paulo: Ática, 1986.

FERRAZ, Maria Heloisa Correa de Toledo & FUSARI, Maria F. de Resende e. *Metodologia do ensino de arte*. São Paulo: Cortez, 1993.

FOSNOT, C. T. (org.). *Construtivismo: teoria, perspectiva e prática pedagógica*. Porto Alegre: Artes Médicas Sul, 1998.

GARDNER, Howard. *Arts and human development*. Santa Monica: The Getty Center for the Education in the Arts, 1992.

______. *Art mind & brain*. A cognitive approach to creativity. New York: Basic Books, 1995.

GODZICH, W. *The culture of literacy*. Massachusetts: Harvard University Press, 1994.

HAMMERSLEY, M. *What's wrong with ethnography?* New York: Routledge, 1992.

HILL, David A. *Visual impact — creative language learning through pictures*. Essex: Longman, 1990.

HIRSCH, E. D. *Cultural literacy what every American needs to know*. New York: Vintage Books, 1988.

HOLDEN, S. (ed.). *Visual aids for classroom interaction*. London: Modern English Publications, 1978.

JANTSCH, Ari Paulo & ANCHETTI, Lucídio (orgs.). *Interdisciplinaridade: para além da filosofia do sujeito*. Petrópolis: Vozes, 1999.

JAPIASSU, Hilton. *Interdisciplinaridade e patologia do saber*. Rio de Janeiro: Imago, 1976.

JOHNSON, K. & MORROW, K. (eds.). *Communication in the classroom*. Essex: Longman, 1986.

KLEIMAN, Angela & MORAES, Silvia. *Leitura e interdisciplinaridade. Tecendo redes nos projetos da escola*. Campinas: Mercado de Letras, 1999.

LARSEN-FREEMAN, D. & LONG, M. H. *An introduction to second language acquisition research*. London/New York: Longman, 1991.

LÜCK, Heloísa. *Pedagogia interdisciplinar: fundamentos teóricos-metodológicos*. 2. ed. Petrópolis: Vozes, 1995.

LURIA, A. R. *Pensamento e linguagem: as últimas conferências de Luria*. Porto Alegre: Artes Médicas, 1987.

MACLAREN, P. *Multiculturalismo crítico*. São Paulo: Cortez, 1997.

MORIN, E. *Os sete saberes necessários à educação do futuro*. São Paulo/Brasília: Cortez, UNESCO, 2000.

_______. *Para sair do século XX*. Rio de Janeiro: Nova Fronteira, 1986.

NETO, J. C. M. *Poesia completa*. Rio de Janeiro: Imprensa Nacional/Casa da Moeda, 1986.

NICOLESCU, B. *O manifesto da transdisciplinaridade*. 2. ed. São Paulo: Triom, 2001.

NOGUEIRA, Adriano (org.). *Contribuições da interdisciplinaridade para a ciência, para a educação, para o trabalho sindical*. Petrópolis: Vozes, 1995.

NOGUEIRA, Nilbo Ribeiro. *Interdisciplinaridade aplicada*. São Paulo: Érica, 1998.

NÓVOA, A. *Vidas de professores*. 2. ed. Porto: Porto Editora, 1992.

QUELUZ, Ana Gracinda (org.). *Interdisciplinaridade. Formação de profissionais da educação*. São Paulo: Pioneira, 2000.

PARSONS, Michael. *Compreender a arte*. Lisboa: Presença, 1992.

PERKINS, David N. *The intelligent eye, learning to think by looking at art*. Santa Monica: The Getty Center for Education in the Arts, 1994.

POLANY, M. *Personal knowledge. Towards a post-critical philosophy*. Chicago: The University of Chicago Press, 1958.

RAGANS, Rosalind. *Art talk*. 2. ed. California: Glencoe/Macmillan/McGraw-Hill, 1995.

RAGANS, Rosalind & MITTLER, Gene. *Exploring art*. California: Glencoe/Macmillan/McGraw-Hill, 1992.

READ, Herbert. *A educação pela arte*. São Paulo: Martins Fontes, 1982.

_______ (ed.). *The Thames and Hudson dictionary of art and artists*. London: Thames and Hudson, 1985.

RICHARDS, Jack C. & RODGERS, Theodore S. *Approaches and methods in language teaching*. New York: Cambridge University Press, 1986.

ROBINSON, Walter. *Instant art history, from cave art to pop art*. New York: Byron Press, 1995.

SEELYE, H. N. *Teaching culture — strategies for intercultural communication*. Illinois: National Textbook Company, 1985.

SMITH, Ralph A. (ed.). *Cultural literacy and arts education*. Urbana/Chicago: University of Illinois Press, 1991.

_______ (ed.). *Discipline-based art education — origins, meaning and development*. Urbana/Chicago: University of Illinois Press, 1989.

STERN, H. H. *Fundamental concepts of language teaching*. Oxford: Oxford University Press, 1991.

WEILL, Pierre. *Rumo à nova transdisciplinaridade. Sistemas abertos de conhecimento*. São Paulo: Summus, 1993.

WILSON, Brent. *Quiet evolution. Changing the face of arts education*. Los Angeles: The Getty Educational Institute for the Arts, 1997.